中国三大城市群空间结构演变研究

李美琦 著

中国社会科学出版社

图书在版编目（CIP）数据

中国三大城市群空间结构演变研究/李美琦著．—北京：中国社会科学出版社，2022.12
ISBN 978-7-5227-1383-0

Ⅰ.①中… Ⅱ.①李… Ⅲ.①城市群—城市空间—空间结构—研究—中国 Ⅳ.①F299.21

中国国家版本馆 CIP 数据核字（2023）第 019384 号

出 版 人	赵剑英
责任编辑	戴玉龙
责任校对	周晓东
责任印制	王 超

出	版	中国社会科学出版社
社	址	北京鼓楼西大街甲 158 号
邮	编	100720
网	址	http://www.csspw.cn
发 行 部		010-84083685
门 市 部		010-84029450
经	销	新华书店及其他书店
印	刷	北京明恒达印务有限公司
装	订	廊坊市广阳区广增装订厂
版	次	2022 年 12 月第 1 版
印	次	2022 年 12 月第 1 次印刷
开	本	710×1000 1/16
印	张	14
插	页	2
字	数	202 千字
定	价	98.00 元

凡购买中国社会科学出版社图书，如有质量问题请与本社营销中心联系调换
电话：010-84083683
版权所有　侵权必究

前　言

　　城市群是由密集分布的不同等级城市及其腹地的相互作用而形成的城市—区域系统。城市群所在区域的城市化水平较高，一般以一个或两个经济较为发达并且具有较强辐射带动能力的巨型中心城市为核心，周围分布着一系列经济联系密切、功能互补的不同等级的城市，并且各城市之间形成区域网络化组织结构。在大多数国家和地区，人口和经济不断向主要城市群集聚，城市群的发展水平和竞争力已经成为影响其经济国际竞争力核心区。到目前为止，我国已经形成的国家级城市群包括长江三角洲城市群、珠江三角洲城市群、京津冀城市群、中原城市群、长江中游城市群、成渝城市群、哈长城市群、辽中南城市群、山东半岛城市群、海峡西岸城市群、北部湾城市群、关中平原城市群、呼包鄂城市群。近年来，国家越来越重视推动城市群健康发展，希望通过国家级城市群建设更好地推进城市化进程和提高各种生产要素配置效率，并以此促进经济发展方式转变和经济集约化发展。总体看来，我国主要城市群的发展水平存在较大差距，城市群内各城市之间的职能分工深度、空间紧凑度、投入产出效率和资源环境承载力都存在明显差异。

　　珠三角城市群、长三角城市群和京津冀城市群是我国最为发达的三大城市群，也是国家城市群建设的重中之重，其发展目标是建设具有重要世界影响和全球竞争力的城市群。三大城市群的经济社会发展不仅对所在区域具有直接带动作用，而且在很大程度上决定着中国经济的总体走向和在全球竞争中的地位。对上述三大城市群的经济社会发展及空间结构展开深入研究，对于总结我国城市群发展建设的规律，发现其中存在的问题，探讨推动我国城市群发展的政策措施等，具有非常重要的意义。

因此，本书通过梳理国内外城市群空间结构的研究理论及文献，以城镇体系中经典研究范式（等级规模结构、职能规模结构和空间结构）为视角，从城镇体系的演变机理出发，构建城市群空间结构演变的理论分析框架，以三大城市群的空间结构演化为研究对象，比较分析三大城市群的空间结构演变和特征，总结城市群空间结构演变规律，以期为中国城市群的空间结构与核心城市的发展路径形成理论研究范式，提出我国城市群空间结构优化路径，并对京津冀城市群的未来发展提供充分的对策建议。全书运用文献分析法、理论演绎法、比较分析法、实地调查研究法以及实证分析法综合考察了各城市群的历史发展沿革，具体分析了城市群内部各个城市的经济发展过程。同时，研究工作从时间和空间两条主线进行多维度定量分析。时间格局从1995年扩展至2015年，考察这21年城市群空间格局的演变过程；空间格局的研究以市域为研究层面，扩充了市域的研究概念，包括直辖市、副省级城市、地级市、县级市4个级别。在等级规模结构、职能规模结构和城市之间联系程度三个方面均进行了研究层面的扩展，重点突出了大城市与小城市在城镇体系中发挥的不同作用。

本书共分为九章，主要有三个部分的内容：城市群空间结构理论新思考、三大城市群的经济发展状况和空间结构演变路径、城市群空间结构优化路径。从空间经济学理论出发，构建了城市群空间结构演变的动态分析框架。城市群空间结构分为要素、职能、经济关系三个层次，受到区位因素、规模递增与外部性、集聚—扩散机制以及制度因素的重要影响。

在讨论三大城市群的经济发展状况和空间结构演变路径部分，率先讨论了三大城市群的区域范围和经济发展状况，重点关注三大城市群的经济增长与地区差距、城镇化水平、产业结构、对外贸易和财政支出五个方面。空间结构演变路径部分依动态分析框架展开讨论。第五章讨论了城市群空间等级规模结构问题，主要关注人口和经济两个层面的等级规模演变进程；第六章讨论了城市群空间职能规模结构问题，重点关注城市群内部职能规模、职能强度以及专业化部分的差异性问题；第七章讨论了城市群内部经济空间联系问题，主要关注的是城市的经济竞争力和各城市间的空间经济联系度问题。

在城市群空间结构优化路径部分，主要讨论了通过推进城市群市场一体化、公共服务均等化、疏解核心城市负外部效应、锚定中小城镇独特城市职能四个方面展开了讨论，并由此对中国城市群未来空间格局的发展提出对策建议。

目 录

第一章 绪论 ………………………………………………………… 1

第一节 选题背景及研究意义 ………………………………… 1
第二节 国内外研究综述 ……………………………………… 6
第三节 研究内容与技术路线 ………………………………… 14
第四节 创新点及拟解决的关键问题 ………………………… 19

第二章 概念界定与基础理论 ……………………………………… 22

第一节 概念界定 ……………………………………………… 22
第二节 相关理论概述 ………………………………………… 31

第三章 城市群空间结构演变的理论分析框架 …………………… 44

第一节 城镇体系的演变机理 ………………………………… 44
第二节 城市群空间结构演变的动态分析框架 ……………… 48
第三节 城市群空间结构演变的影响机制分析 ……………… 51
第四节 本章小结 ……………………………………………… 55

第四章 我国三大城市群的区域范围与发展状况 ………………… 56

第一节 三大城市群发展的区域范围 ………………………… 56
第二节 三大城市群的经济发展演变分析 …………………… 61
第三节 本章小结 ……………………………………………… 100

第五章　三大城市群空间等级规模结构演变分析 …… 105

第一节　指标选取与模型构建 …… 105

第二节　三大城市群空间等级规模结构测度分析
——依人口规模划分 …… 108

第三节　三大城市群空间等级规模结构测度分析
——依经济规模划分 …… 116

第四节　三大城市群等级规模结构的对比分析 …… 125

第五节　本章小结 …… 129

第六章　三大城市群空间职能结构演变分析 …… 130

第一节　数据来源与指标选取 …… 130

第二节　三大城市群的职能规模演变分析 …… 132

第三节　三大城市群职能强度与专业化部门演变分析 …… 141

第四节　三大城市群空间职能结构的对比分析 …… 144

第五节　本章小结 …… 145

第七章　三大城市群内部经济空间联系演变分析 …… 146

第一节　数据来源与模型构建 …… 146

第二节　三大城市群城市综合竞争力演变分析 …… 150

第三节　三大城市群空间经济联系演变分析 …… 158

第四节　三大城市群内部经济空间联系对比分析 …… 162

第五节　本章小结 …… 164

第八章　我国城市群空间结构优化路径与对策建议 …… 165

第一节　我国城市群空间结构优化路径 …… 165

第二节　我国城市群发展的对策建议 …… 167

第九章　研究结论及展望 …………………………………… 171

　　第一节　研究结论 …………………………………………… 171

　　第二节　进一步研究的若干思考 …………………………… 176

参考文献 ……………………………………………………… 178

附　　录 ……………………………………………………… 194

后　　记 ……………………………………………………… 214

第一章 绪论

第一节 选题背景及研究意义

一 选题背景

（一）构建"双循环"新发展格局下的区域空间重构

21世纪以来，伴随着经济全球化、信息化的推进，在市场经济体制的运行下，国家之间、地区之间的经济活动联系越发紧密，逐步形成全球经济的有机整体。各国经济联系的加强和相互依存度逐渐提高，区域贸易壁垒逐渐减弱。跨国公司在全球组织生产，与不同区域形成地方性融合，使经济全球化在全球层次、国别层次和地方层次都具有空间结构的巨大优势，产生不容忽视的空间效应，使全球范围实现不同区域的劳动分工成为可能（曾菊新、罗静，2002）。在信息与交通不断发展过程中，时间与空间的障碍逐渐被压缩，世界市场成为一个不断扩散的统一的全球市场。以信息技术为核心的产业革命已经对产业重组产生巨大影响，促进了各国产业结构的调整和升级。然而，随着全球经济形势下行与新冠疫情导致的各国经济交往被部分阻断，我国政府提出要构建以国内大循环为主体，国内国际双循环相互促进的新发展格局。当前，作为区域经济活动的最新载体，国内与国外双循环的起点都要从城市群开始并延伸，城市群成为构建基于"双循环"的新发展格局下空间结构重构的重要发展形式。

在当今世界范围内，已形成了公认的五大城市群：以纽约为核心的美国波士华城市群，以芝加哥为核心的北美五大湖城市群，以东京为核心的日本太平洋沿岸城市群，以巴黎为核心的欧洲西北部城市群和以伦敦为核心的英国中南部城市群。各城市群的经济总量已经占到国家经济总量的70%—80%，不仅对本地区甚至本国经济产生持续的经济增长动力，在世界范围内也扮演着重要的角色，位于全球生产体系的最顶端，拥有诸多跨国公司总部和地区性总部、重要的金融机构和研发设计等高端生产性服务业，具有调配全球生产要素流动的功能，是国家和全球经济、科技、文化和交通的中枢或政治中心。这些城市群已经进入成熟发展阶段，空间结构相对稳定。相反，发展中国家的城市群发育时间短，大部分处于雏形阶段和快速成长阶段，区域空间结构具有较强的可塑性。对城市群空间结构演变过程的阐述与分析是区域空间重构路径的重要依托。

（二）城镇化的快速发展与转型

城镇化是伴随工业化发展，非农产业在城镇集聚，农村人口向城镇集中的自然历史过程。根据《不列颠百科全书》的定义，这一过程可以概况为两个方面，一方面是城镇数目的增多，另一方面是城市人口规模的不断扩大。其社会由以农村为主的传统乡村社会向以第二产业和第三产业等非农业产业的现代型社会逐渐转变。20世纪80年代末，中国在市场经济体制的运行下，经济实现快速增长。1978年到2019年，我国城镇常住人口从1.7亿增加至8.5亿，城镇化率从17.9%提升至60.60%，平均增长速度达到4.1%；城市数量从193个增加至653个，建制镇的数量从2173个增加至20883个；京津冀、长江三角洲、珠江三角洲三大城市群，以6.4%的国土面积集聚了全国23.3%的人口，创造了38.99%的国内生产总值。高速发展的城镇化进程促进了区域经济的快速增长和协调发展。

然而，城镇化是一个多维、综合、动态的地理现象，城镇化具有形式上的复杂多样性、时间上的动态变化性和空间上的地域差异性等特点（姚士谋等，2016）。快速的城镇化带来的是房价上涨、交通拥堵、就业困难、环境负效应以及城乡差距扩大等一系列经济社会问题。研究表明，1980—2008年中国城镇化的质量总体处于中等水平，并正在缓慢提升（方创琳、张舰，2011）。鉴于此，2014年3月，国家发布了《国家新型城镇化规划（2014—2020）》。新型城镇化注重城镇化发展方式的转变，从传统的土地城镇化向人的城镇化转化，推动公共服务均等化，促使城市向集约、低碳、绿色方向发展。规划特别提出，要以城市群为主体形态，推动大中小城市和小城镇协调发展。在东部地区城市群中，特别指出要将京津冀城市群、长江三角洲城市群和珠江三角洲城市群建设成为世界级城市群，在制度创新、科技进步、产业升级、绿色发展等方面对全国经济社会发展起到支撑和引领作用。在三大城市群的建设中，规划提出要科学定位各城市功能，增强城市群内中小城市和小城镇的人口经济集聚能力，引导人口和产业由特大城市主城区向周边和其他城镇疏散转移[①]。

（三）城市群的国家与国际战略地位显著提升

自2005年"十一五"规划至今，从城市群的概念被首次提出，直至如今，形成具备辐射带动作用的三大城市群，城市群正在成为城市化空间组织的主要形态，构成国家经济发展的重心以及区域经济发展的引擎（宁越敏，2011）。城市群建设的国家战略地位正在显著提升。2005年，在"十一五"规划中首次提出"城市群"的概念，并明确要求已形成一定规模的珠江三角洲、长江三角洲、环渤海地区继续发挥对内地经济发展的带动和辐射作用，加强区内城市的分工协作和优势互补，增强城市群的整体竞争力[②]。2007年，党的十七大报告提出，以特大城市为依托，形成辐射作用大的城市群。2010年《全国城镇体系规划纲要（2005—2020）》中，第一

---

① 《国家新型城镇规划（2014—2020年）》，http://www.gov.cn/gongbao/content/2014/content_2644805.htm，2014年3月16日。

② 《中共中央关于制定国民经济和社会发展第十一个五年规划的建议》，http://www.cflac.org.cn/zt/2008-10/09/content_14593287.htm，2005年10月18日。

次将"三大城市群建成世界级城市群"设立为目标。2012年,党的十八大报告继续提出,科学规划城市群规模和布局,增强中小城市和小城镇产业发展、公共服务、吸纳就业、人口集聚功能。2013年,中央城镇化工作会议首次提出把城市群作为推进新型城镇化的主体,继续优化建设好京津冀、长江三角洲、珠江三角洲三大国家级城市群并争取建成具有国际竞争力的世界城市群。2015年,"十三五"规划继续提出建设八大城市群①。2018年11月18日,中共中央、国务院发布的《中共中央国务院关于建立更加有效的区域协调发展新机制的意见》明确指出,以京津冀城市群、长三角城市群、粤港澳大湾区、成渝城市群、长江中游城市群、中原城市群、关中平原城市群等推动国家重大区域战略融合发展②。国家发布实施的若干文件体现出城市群发展的国家战略地位的升级。

与此同时,城市群作为国家参与全球竞争与国际分工的全新地域单元,成为世界进入中国和中国走向世界的关键,正在肩负着世界经济重心转移和"一带一路"建设主阵地的重大历史使命,成为全球经济重心转移承载的重要担当(方创琳等,2016)。从全球经济发展和城镇化的发展历程来看,发达国家城市群的建设带来了区域内大规模工业化和城市化,促使世界经济重心和科技中心的转移。依照《推动共建丝绸之路经济带和21世纪海上丝绸之路的远景的愿景与行动》确定的范围,"一带一路"串联的城市群包括长江三角洲城市群在内的7个城市群。众多城市群成为我国沿海发展主轴线上的经济战略节点,通过扩大对外开放,辐射带动沿线经济发展。

二 研究意义

城市群是区域扩张过程中形成的较为高级的经济发展模式。一般来说,经济增长从具备区位优势(政策优势、地理优势)的城市

---

① 八大城市群包括京津冀城市群、长三角城市群、珠三角城市群、东北地区城市群、中原地区城市群、长江中游城市群、成渝地区城市群、关东平原城市群。
② 《中共中央国务院关于建立更加有效的区域协调发展新机制的意见》,http://www.gov.cn/zhengce/2018-11/29/content_5344537.htm,2018年11月18日。

率先开始，通过要素（资本、人口）的快速流动实现集聚经济，带动本地区经济快速增长。这一阶段经济基本为单核增长模式。随着核心增长的发展，一方面，辐射周边地区的经济增长；另一方面，外围具备一定区位优势的城市也会在要素向外流动的过程中实现较高速增长，成为次一级增长极或形成与核心城市同等地位的第二个核心城市。区域经济的持续增长由此展开。这一进程伴随着城市群内部各城市的扩张和城市等级规模的变化、城市职能的改变、城市间经济联系紧密程度的改变。这些改变呈现在城市群空间结构的演变中。然而，这些研究并未在现有的研究中形成理论体系。本书开展对城市群空间结构形成与演进路径的研究对弥补和丰富地区经济增长的发展与动力机制具有重要的学术意义。

城市群的研究历经30多年，学术界提出在适当的区域建设更多的城市群作为增长点，带动区域可持续发展。到目前为止，我国已经形成的国家级城市群包括长江三角洲城市群、珠江三角洲城市群、京津冀城市群、中原城市群、长江中游城市群、成渝城市群、哈长城市群、辽中南城市群、山东半岛城市群、海峡西岸城市群、北部湾城市群、关中平原城市群、呼包鄂城市群。近年来，国家越来越重视推动城市群健康发展，希望通过国家级城市群建设更好地推进城市化进程和提高各种生产要素配置效率，并以此促进经济发展方式转变和经济集约化发展。总体看来，我国主要城市群的发展水平存在较大差距，城市群内各城市之间的职能分工深度、空间紧凑度、投入产出效率和资源环境承载力都存在明显差异。城市群的发展模式需要具备模范带头作用的城市群来引领。珠江三角洲城市群、长三角城市群和京津冀城市群已经是我国最为发达的三大城市群，政府报告将其列为重点建设的城市群——世界级城市群。三大城市群的空间结构发展路径和动力机制，对我国地区经济增长具有明显的带动力量。研究三大城市群的增长路径与发展模式，对其他城市群的发展具有示范和带动作用。此外，京津冀城市群协调发展的战略地位不断提升，城市群内部的协调配合尤为重要。珠江三角洲城市群和长江三角洲城市群的经济发展在不同方面具备优势，对比分析三大城市群的空间结构演变路径，可以为京津冀城市群的进一步发展提供更合理的对策。

第二节　国内外研究综述

一　城市群的研究综述

关于城市群的研究，可以说是从城市—城市（镇）体系—城市群相关的研究，逐步展开的。部分学者梳理了国外与国内有关城市群的研究，将国外学者对城市群的研究划分阶段，分别陈述。朱有志（2010）认为将城市群的发展阶段依时间序列和研究层次划分为启蒙阶段（19世纪末至20世纪20年代）、形成发展阶段（20世纪30年代至60年代）和丰富深化阶段（20世纪70年代至今）3个阶段。启蒙阶段的代表人物主要包括 E. Hdward（1898）、P. Geddes（1915）、R. Unwin（1922）、W. Christaller（1933）、A. Losch（1954）、M. Jeffison（1939）、G. K. Zief（1933）等。事实上，这一阶段之所以被称为城市群的启蒙阶段，主要是这一节点的代表人物大多以城市为研究对象，重点讨论城市规模、发展模式、空间组织、空间分布及其影响机制。例如，E. Hdward（1898）提出的"田园城市"模式；格迪斯（P. Geddes，1915）提出城市演化可分为城市、集合城市和世界城市三个发展阶段。对城市的研究逐步过渡到对多城市构成的城市体系的研究。克里斯塔勒（W. Christaller，1933）首次构建了中心地城市体系空间组织，受到学术界广泛认可，并依据市场原则、交通原则、行政原则对中心地的等级、规模和腹地的范围做出规范。勒施（A. Losch，1954）将克里斯塔勒的中心地理论进一步完善，他认为中心地的市场区域是各种经济力相互作用的结果，市场区域的最佳形态应该是六边形。形成和发展阶段的研究主要集中在城市结构、城市体系和都市区的研究中，这一阶段的研究逐步形成了城市群理论。代表人物主要包括 Lewis Mumford（1938）、R. Vining（1942）、O. Duncan（1950）、F. Perrous（1955）、E. L. Ulman（1957）、Gottmannn（1957，1971，1986）、J. Friedmann（1964）、W. Alonso（1964）等。其中，具有代表性的是 Gottmannn 于 1957 年发表的 *Megalopolis: the Urbanization of the Northeastern Seaboard*（大都市区：美国东北海岸的城市化）一文。"Megalopolis" 被首次用来专指美国东北部的广大地区。1971 年，戈特曼在《全球大都市带体系》一文中进一步研究了当时世界上几个大都市带，并指出包括中国以上海为核心的城市密集区的 6 个都市带。1986 年戈特曼在《大都市带》一书中，提出了形成大都市带的基础条件是多核心区域城市结构，都市区的"枢纽功能"（Hinge）是大都市带形成发展的潜力所在（于峰、张小星，2010）。丰富深化研究阶段，相较前两个阶段，这一阶段的研究内容更为丰富、深化。具体表现为：一是研究的内容不断拓宽。日本小林博士以东京大都市圈为研究案例，提出了城市群的发展阶段。二是研究方法的增多。20 世纪 80 年代，藤田昌久等学者利用迪克西特和斯蒂格利茨的产品差异化模型和垄断竞争模型对城市的微观机理进行了研究。1995 年，日本学者富田和小从人口、第三产业、居住、消费等方面对日本的城市进行深入研究。卡佩罗和卡玛齐（2000）在实证中发现城市人口规模的变化需要结合城市结构的调整和城市间的联系。2005 年，Lang 和 Dhavale 发表了 *Beyond Megalopolis: Exploring America's new "Megapolitan" Geography* 一文，提出了巨型都市区"Megapolitan Areas"的概念。

国内学者对城市群的研究始于 20 世纪 80 年代，多以探讨城市群的概念、内涵为主。于洪俊、宁越敏（1983）首次用"巨大都市带"向国内介绍了戈特曼的思想。宋家泰、姚士谋、顾朝林、苗长虹、方创琳等先后对城市群的概念进行了探讨与界定。进入 21 世纪，国内学者针对城市群的研究多以国家需求为研究内容。主要包括城市经济区、城市群的基本内涵、城市群范围识别、城市群形成发育动力机制、城市群空间结构、城市群发育程度、城市群紧凑程度、城市群稳定程度、城市群投入产出效率、城市群资源环境承载力、城市群生态环境效应、城市群产业集聚、城市群物流业、城市群旅游网络、城市群水环境与水资源关系、城市群金融服务业、城市群空间范围、城市群可持续发展、城市群保障机制等方面的内容，而这些内容基本与国家城镇化发展战略需求相一致，因而对国家城市群总体格局的形成与培育起到了重要的引领作用（方创琳，2014）。

需要指出的是，从城市群的培育和形成的空间格局来看，研究者依据不同的指标和经济发展的大趋势，对我国城市群的空间布局进行了探讨。肖金成等（2007）指出除了已有的京津冀、长三角、珠江三角洲外，在中国还将涌现出新的城市群；肖金成（2009）对这十大城市群的范围做出说明。中国社会科学院《2006年城市竞争力蓝皮书》提出了15个城市群。方创琳、姚士谋（2010）在《中国城市群发展报告2010》提出，我国需要建设23个城市群，并指出了各城市群的建设方向。2014年，方创琳提出了"5+9+6"的中国城市群空间结构新构想。方创琳认为，中国需要打造20个城市群[①]。宁越敏（2016）认为大城市群应满足增长极、人口、城市化、交通、地域认同感以及不同规模的城市六个条件，按照上述条件划分了13个城市群。国家系列文件均提到了我国城市群空间布局。2011年《全国主体功能区规划》提出"推进环渤海[②]、长江三角洲、珠江三角洲地区的优化开发，形成3个特大城市群；推进哈长、江淮、海峡西岸、中原、长江中游、北部湾、成渝、关中—天水等地区的重点开发，形成若干新的大城市群和区域性的城市群"。这是国家级规划中首次提出了较为明晰的城市群布局。2014年《国家新型城镇化规划（2014—2020）》中提出，优化提升京津冀、长江三角洲和珠江三角洲城市群等东部地区城市群，建设世界级城市

---

① 具体是5个国家级城市群（长三角、珠三角、京津冀、长江中游和成渝）、9个区域性城市群（哈长、山东半岛、辽中南、海峡西岸、关中、中原、江淮、北部湾和天山北坡），以及6个地区性城市群（呼包鄂榆、晋中、宁夏沿黄、兰西、滇中和黔中）。

② 规划中提出的环渤海地区包括京津冀地区、辽中南地区、山东半岛地区。

群；培育发展成渝、中原、长江中游、哈长等中西部地区城市群，使之成为推动国土空间均衡开发、引领区域经济发展的重要增长极。2015年《推动共建丝绸之路经济带和21世纪海上丝绸之路的愿景与行动》提出建设8大城市群①。2016年《中共中央关于制定国民经济和社会发展第十三个五年规划的建议》中提出建设8个城市群②。2016年"十三五"规划提出建设19个城市群③。目前，我国国家规划中已批复的城市群共计9个，分别为长江中游城市群（2015年3月）、哈长城市群（2016年2月）、成渝城市群（2016年4月）、长江三角洲城市群（2016年6月）、中原城市群（2016年12月）、北部湾城市群（2017年1月）、关中平原城市群（2018年1月）、呼包鄂榆城市群（2018年2月）、兰溪城市群（2018年2月）。可以看到，研究者和国家文件对我国城市群的空间布局，随着我国经济发展的趋势和基于地区均衡的发展目标，不断扩充城市群的"队伍"，旨在通过在各地区推动城市群的建设，实现城市群的经济增长极作用。

二 城市群空间结构的研究综述

1826年，Thünen提出农业区位理论，这是最早呈现出区域空间结构形态的学说。E. Howard的"田园城市"理论和R. Unwin的

---

① 沿海地区和中国香港、中国澳门及台湾省利用长三角、珠三角、海峡西岸、环渤海等经济区开放度高、经济实力强、辐射带动作用大的优势，加快推进中国（上海）自由贸易试验区建设，支持福建建设21世纪海上丝之路核心区；内陆地区利用内陆纵深广阔、人力资源丰富、产业基础较好优势，依托长江中游城市群、成渝城市群、中原城市群、呼包鄂榆城市群、哈长城市群等重点区域，推动区域互动合作和产业集聚发展，打造重庆西部开发开放重要支撑和成都、郑州、武汉、长沙、南昌、合肥等内陆开放型经济高地。

② 《建议》在第三部分提出，以区域发展总体战略为基础，以"一带一路"建设、京津冀协同发展、长江经济带建设为引领，形成沿海沿江沿线经济带为主的纵向横向经济轴带。发挥城市群辐射带动作用，优化发展京津冀、长三角、珠三角三大城市群，形成东北地区、中原地区、长江中游、成渝地区、关中平原等城市群。

③ 优化提升东部地区城市群，建设京津冀、长三角、珠三角世界级城市群，提升山东半岛、海峡西岸城市群开放竞争水平。培育中西部地区城市群，发展壮大东北地区、中原地区、长江中游、成渝地区、关中平原城市群，规划引导北部湾、山西中部、呼包鄂榆、黔中、滇中、兰州—西宁、宁夏沿黄、天山北坡城市群发展，形成更多支撑区域发展的增长极。促进以拉萨为中心、以喀什为中心的城市圈发展。

"卫星城"理论均较早反映了空间组织关系。1933年，W. Christaller 创立的中心地理论从二维空间内探讨了节点的空间关系与等级关系。1940年，M. Jefferson 和 Zipf 通过分形理论从规模结构的角度对多节点空间进行了规模结构分析。1976年，莱曼将城市群空间组织理解为城市群经济活动的空间过程，认为城市群的空间组织过程表现为具有高密集的人口和经济活动。

国内学者对城市群空间结构的定义尚未有明确的共识。研究多集中在外部集合形态和内部空间相互作用的定性分析。姚士谋（2006）根据城市群规模、功能结构与布局形态把中国城市群分为组团式、带状、分散式城市群。朱英明（2000）以城市群的联系特征为依据，提出了5种城市群空间布局形式。吴启焰（1999）以不同发展阶段和水平、集聚扩散特征，城市群可以分为城市区域阶段、城市群阶段和城市群组阶段三种类型。

21世纪以来，城市群空间结构的研究进入了实证分析阶段，一般以具体某个（或多个）城市群的空间结构为主。这一时期的研究，多以区域空间结构理论为研究基础。部分学者以分形理论为基础，探讨城市群空间结构的分形特征。刘继生等（2000）利用分形维数测度了东三省城市体系的分形结构。王良建等（2005）利用分形理论分析了长株潭城市群空间结构的特征。杨德云（2008）基于分形理论探讨了广西城市体系的空间结构。刘飞等（2017）基于空间分形特征对京津冀城市群的空间边界进行识别。

部分学者以集聚—扩散机制为理论基础，探讨中心城市（单中心或多中心）的集聚效应成为影响城市群空间结构发展的重要机制。贾若祥（2007）探讨了辽宁省双核城市群空间结构问题。赵璟等（2009）以中国西部地区城市群作为研究对象，得出了我国城市群空间结构由单中心化向多中心化转变，他发现，人均GDP、人口规模、政府支出规模和贸易成本会影响城市群空间结构由首位分布向多中心演变。赵志成（2014）在对中部城市群的研究时发现，政府支出会促进城市群空间结构向多中心化发展。赵渺希（2015）利用总部—分支机构的城市链接方法对京津冀、长三角和珠江三角洲城市群的多中心网络问题进行研究。黄妍妮、高波等（2016）利用帕累托指数、mono 指数和首位度综合考察了 2007—2014 年中国十大城市群空间结构演变特征与内在规律。孙斌栋等（2017）从人口分布的单中心—多中心视角分析中国 13 个城市群的空间结构演化。姚常城（2021）探讨中国城市群多中心空间结构的市场驱动与政策引导问题。部分学者以点—轴理论为基础，探讨城市群的空间结构问题。王钊等（2017）通过测度长三角城市流和构建关系矩阵，从"节点—联系—格局"三个方面识别流空间下城市群的变形结构。

三 城镇体系的研究综述

城镇体系（Urban System），也称城市体系。在国外，这一概念出现于 20 世纪 60 年代初期。美国经济学家维宁（1942）写的关于区域体系和城市扩张的文章，成为研究城镇体系的先驱。1960 年，美国地理学家邓肯（1960）与其合作者们出版了《大城市和区域》一书，第一次提出了"城市体系"的概念。1962 年贝利发表了《中心地体系的组成及其集聚》，1964 年他又提出了人口分布与服务中心等级系统之间的关系。这一研究更新了城镇体系研究的又一篇章。在这之后，各国学者集中研究城镇体系中的城市经济增长、城镇体系的空间相互作用，探寻城镇体系扩张规律等问题。20 世纪 70 年代，城镇体系的研究更为丰富和深入，在等级规模、空间扩展、区域经济增长、城镇体系发展模式等方面进行了更多的研究。帕尔、贝利、鲍恩是较有代表性的学者。《韦伯斯特大辞典》中对体系的概念是，"有组织和被组织化的全体""以规则的相互作用又相互依存的形式结合着的对象的集合。"

国内有关城镇体系的研究是伴随着中国城镇化的进程，开始于 20 世纪 80—90 年代。学者们主要的研究内容更多地倾向于区域开发与规划层面，主要包括城镇体系的发展机制、组织结构、城镇体系规划（指导思想、规划内容、规划程度、定量方法等）等。周一星、宋家泰、顾朝林等先后对城镇体系进行了探讨。宋家泰与顾朝林（1988）对城镇体系规划的理论与方法进行了初步探讨。他们认为，城镇体系是指"一个国家或地区一系列规模不等、职能各异、相互联系、相互制约的城镇有机体，具有群体性、关联性、层次性、整体性、开放性和动态性等特征"。这一概念是一种广义的提法，获得了许多专家的认可，成为后续与城镇体系相关联的一系列概念（城市群、都市圈、经济开发区等）的雏形。顾朝林（2005）重建国家城市体系的设想，从另一个角度重新提出了城镇体系的概念，"城镇体系是在一定地域范围内，以中心城市为核心，由一系列不同等级规模、不同职能分工、相互密切联系的城镇组成的有机体"。

基于城镇体系系统论的研究，学者们对城镇体系的等级规模结构、空间结构等进行了实证研究。刘继生等（1998、1999）基于分形理论，对城镇体系的空间结构、等级结构等进行了分形维数的测算。

四 评述与启示

作为区域经济发展的一个特殊的地域，城市群的研究既有一般地域劳动分工的意义，又存在其地域单元之间相互配合的特殊性。在"一带一路"和新型城镇化建设不断向前推进的背景下，城市群将是我国区域经济增长的重要节点和区域。

通过对现有文献的梳理，可以发现城市群的研究呈现以下五个特点：

第一，研究城市群的起点均从城市群的内涵出发。每一个学者针对自己对城市群的理解和研究角度，定义城市群的内涵。然而，研究者们对城市群空间结构的理解基本停留在"单中心与多中心"的表述上。对城市群空间结构的内涵的共识尚不明确。城市群与城市集聚体、城镇体系等概念存在模糊界限，亟须进行明确的区分。

第二，研究对象的空间范围先扩大再缩小。城市群的工作始源于学者们对城市、区域空间的关注。在城市产生、发展、扩张的过程中，区域空间格局不断扩大。一定区域下多个城市之间，由交通运输等方式进行的要素流动引起的相互作用关系构成了一个庞大的有机整体。研究对象从对城镇、城市、都市区、城镇体系的研究回到了城市群的研究。这与我国工业化、城镇化与对应的区域经济增长有着紧密的关系。

第三，学者们和国家文件对全国区域范围内的城市群的数量、空间布局、空间范围均持有不同的观点，这亦是可以被理解的。学界研究通常是早于或同步于政府的推进节奏。在理论和实证分析上论证城市群对区域经济发展的影响机制与重要作用。而在后文对三大城市群的分析中可以看出，地方政府对推进本地区和相邻地区的城市群建设保持较高的积极性，这与中央政府预判城市群对区域经济发展的重要性是吻合的。但城市群空间结构的理论研究至今未形成理论体系，实证分析也多侧重东部沿海的几个典型的城市群，包括珠三角城市群、长三角城市群、京津冀城市群、长江中游城市群等，而对东北地区或中西部地区城市群的研究较少。这与每个城市群具有发展的独特性有重要关系。很多地区仅意识到建设城市群的重要性，却对城市群的建设不甚理解。因此，亟须构建城市群建设的理论框架，这需要从城市群空间结构入手。

第四，研究城市群的方法呈现多样性、跨学科性。融合人口学、社会学、经济学、统计学、地理学、环境学等学科理论和方法，运用统计学的统计指标、回归分析、主成分分析方法，地理学科中的 GIS、遥感等地理信息系统等方法对城市群进行多角度的研究。然而，多种方法的联合运用必须考虑是否对本主体的理论分析具有重要的支撑。

第五，城市群的研究成果逐渐体现在政府工作报告中，城市群研究的实践意义得以体现。因此，对城市群空间结构演变的理论与实证研究既弥补了城市群理论体系，也对城市群的开发与规划具有重要实践意义。

在总结和完善现有研究成果的基础上，应继续延伸和拓展城市群空间结构和城镇体系的理论深度和实证研究，可以从以下四个方面着手：

第一，明确地界定城市群空间结构的研究内容和研究方向，以此制定研究框架。20 世纪 80 年代末期，顾朝林提出城镇体系的三大结构——等级规模结构、职能结构、空间结构。城市群作为城镇体系的子集，具备对这三大结构的研究意义。然而，城镇体系的空间结构的形成和发展依赖于等级规模结构和职能结构。因此，笔者以城镇体系的经典范式作为基础，构建城市群的空间结构的理论分析框架。以城市群空间结构体系作为城镇体系的研究子集，以城市群的空间等级规模结构、空间职能规模结构和城市间的空间经济联系作为城市群空间结构研究体系，分析三大城市群的空间结构演化规律。

第二，细化研究地域单元。一方面，城市群的地域单元的划分与其功能性具有较强的相关性。在城市群的研究过程中，省域、市域或县域的层次划分对研究结果产生重大的影响。本书将结合传统意义上的省域、市域和县域的层次划分，以直辖市、副省级城市、地级市和县级市的"新市域"层面对城市群进行研究。另一方面，每一个城市群具备自身的地理特性，细化研究单元可以更清晰地把握研究对象的发展方向。

第三，延伸研究时间跨度。以时间演变的视角，尽可能地延长研究时间的长度。在足够长度的时间轴中，事物发展的规律更易凸显。因此，本书以1995年为起始年份，在20年的时间跨度中，探索城市群空间结构的演化规律，为城市群发展提供更为科学的发展方向。

第四，构建城市群空间结构分析的研究方法体系。城市群空间结构的研究方法因学科交叉而交叉使用。事实上，在城市群空间结构理论框架的建立基础上，选择恰当的实证分析方法通常能够更好地论证。

第三节　研究内容与技术路线

一　研究内容

本书通过梳理国内外城市群空间结构的研究理论及文献，从城镇体系的演变机理出发，构建城市群空间结构演变的理论分析框架，比较分析三大城市群的空间结构演变和特征，总结城市群空间结构演变规律，以期为中国城市群的空间结构与核心城市的发展路径形成理论研究范式，提出我国城市群空间结构优化路径，特别地，对京津冀城市群的未来发展提供充分的对策建议。全书共分为九章，研究内容如下：

第一章为绪论，通过对本书的研究背景的调研，评述城市群空间结构演变的国内外研究现状，制定研究工作的基本框架和技术路线，针对研究内容确定研究方法，对拟解决的关键科学问题提出解决方案。本章是全书提纲挈领的部分。

第二章为概念界定与基础理论。本章分为两部分，第一部分对城市群的概念进行了界定和辨析；并对空间结构的概念进行梳理。第二部分总结归纳了城市群空间结构发展的基础理论，包括区位理论、新经济地理学空间结构理论、区域非均衡增长理论及其他区域空间结构理论，为后面的主体部分做好理论铺垫。

第三章为城市群空间结构演变的理论分析框架。本章分为三部分，第一部分是阐释城镇体系的演变机理，并据此构建第二部分内容：城市群空间结构演变的动态分析框架，以要素层（空间等级规模结构）、职能层（空间职能规模结构）、关系层（空间经济联系结构）构成城市群空间结构的演变分析内容。第三部分是在动态框架中分析城市群空间结构演变的影响机制。

第四章为我国三大城市群的区域范围与发展状况。本章研究工作包括两部分内容：三大城市群区域范围的界定和经济发展状况。首先，依据各城市群自1995年以来的发展概况和学术界与政府文件对其范围的界定过程，总结规范城市群的区域范围，阐述三大城市群空间边界的演变过程，便于接下来在一定的地域范围内进行研究工作。其次，从经济增长和地区差距、城镇化水平、产业结构、对外贸易、财政收支五个方面分析1995—2015年三大城市群的发展状况，为后续研究内容奠定良好的工作基础。

第五章为三大城市群空间等级规模结构演变分析。基于城市首位度和分形理论，本章研究工作从城市群的空间等级规模结构的演变展开，具体工作如下：分别从人口与经济两个角度入手，利用城市首位律理论与位序—规模回归方法分析城市群的人口城镇化与经济城镇化的演变进程。对比分析三大城市群的人口等级规模和经济等级规模结构，得到三大城市群空间等级规模结构演变特征。

第六章为三大城市群空间职能结构演变分析。本章研究工作从城市职能的"三要素"——职能规模、职能强度以及专业化部门的差异性开展，以反映城市群内部不同城市的主导职能部门及其专业化程度。研究工作分为三部分：第一，运用区位熵划分三大城市群内部各个城市的基本职能和非基本职能。第二，依据纳尔逊指数对各城市进行职能强度和专业化部门确定的实证研究。第三，比较三大城市群内部各城市的职能规模、职能强度与专业化程度，总结三大城市群的空间职能结构的演变特征。

第七章为三大城市群内部经济空间联系演变分析。本章将基于城市群的等级结构与职能结构，进一步分析城市群内部各城市之间空间经济联系问题。研究工作分为三个部分，笔者利用主成分分析方法，率先测度城市群内部各城市的经济竞争力；随后运用修正后的引力模型对各个城市之间的经济联系强度进行测算；最后，比较三大城市群内部各城市间的空间经济联系度，总结三大城市群内部经济空间联系的演变特征。

第八章为我国城市群空间结构优化路径与对策建议。通过对三大城市群空间结构的理论分析与实证分析，提出我国城市群空间结构的优化路径，对中国城市群未来空间格局的发展与核心城市的发展提出对策建议。

第九章为研究结论及展望。根据前八个章节内容的分析研究，归纳总结研究工作的主要结论；并明确未来进一步的研究方向。

二　研究框架与技术路线

研究工作开展依照理论基础研究—理论分析框架—现状分析—实证分析—归纳分析的研究次序，进行城市群空间结构演变的研究工作。制定的具体研究框架如图 1-1 所示。

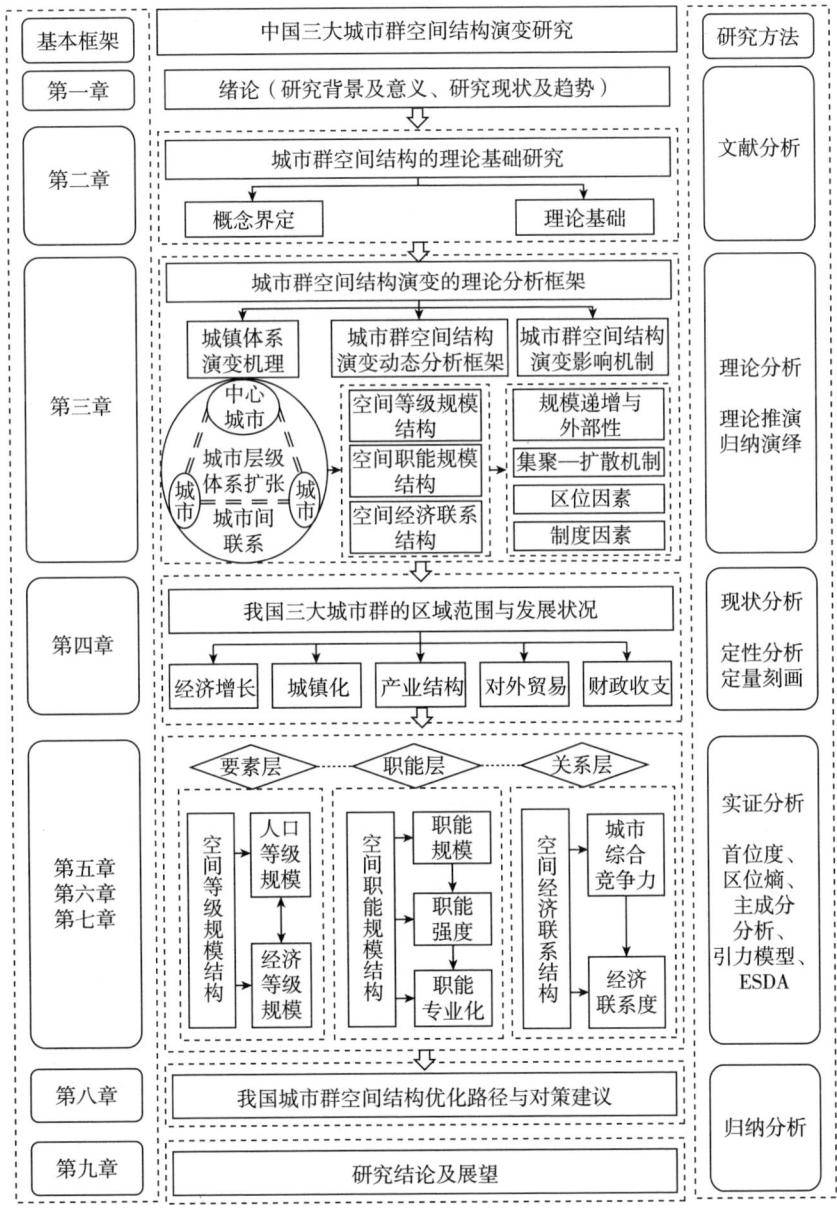

图 1-1　研究框架与技术路线

三　研究方法

（一）文献分析法

本书梳理研究城市群的国内外相关研究的理论、指标、方法和实证成果，明确研究工作涉及的基本理论、概念辨析、实证方法、计量模型以及主要结论，对研究思路和研究方法起到良好的借鉴作用。

（二）理论演绎法

其一，从一般到特殊，本书从城镇体系的演变机理出发，论证城市群空间结构的构成框架，并对影响城市群空间结构演变的因素进行机制分析。形成城市群空间结构演变的动态分析的一般框架。其二，通过定性与定量分析，论证三大城市群空间结构演变的规律。

（三）比较分析法

其一，城市群空间结构的演变从三大城市群入手，较多使用了比较分析方法，以多维口径对各个城市群的区域范围、经济发展状况进行比较分析。其二，展开理论分析框架，对三大城市群的空间等级规模结构、空间职能规模结构、空间经济联系进行比较。

（四）实地调查研究方法

在研究过程中，充分利用调查研究方法，通过对各城市群城市规划部门以及公共部门的走访和调研，获得贴近现实的一手资料，为政策建议的提出提供可靠基础。与此同时，利用调研、文献挖掘、政府信息公开等途径，对具有代表性的、与城市群开发与规划相关的案例进行整理并分析，为研究论证提供依据。

（五）实证分析法

针对实证研究的每一部分，选择恰当的定量方法进行分析。第四章运用 GIS 空间技术将城市群经济发展的几个方面表现出来；第五章运用分形理论中的城市首位度与经济集中度等指标、位序—规模回归分析方法分析三大城市群的等级规模结构；第六章采用区位熵、纳尔逊指数将城市群的职能规模、专业化水平等定量表现出来；第七章运用主成分分析方法得到城市群内部各城市的综合竞争力排名；采用修正后的引力模型定量分析城市之间的相互作用关系，分析大城市对中小城市的集聚效应和辐射效应。

第四节　创新点及拟解决的关键问题

一　创新之处

（一）理论创新

从区域经济发展的模式来看，城市群是目前城镇体系中先进的城市—区域发展系统，对城市群的空间结构演变研究十分必要。本书从城镇体系理论出发，以城镇体系中经典研究范式为视角，剖析城镇体系的演变机理，以此构建城市群空间结构演变动态分析框架，从空间等级规模结构（要素层）、空间职能规模结构（职能层）和空间经济联系结构（关系层）三个层面出发对三大城市群的空间结构演变进行比较分析。

（二）研究方法创新

目前，学术界对城市群空间结构的研究方法较为多元和融合，但基于城镇体系研究框架下的研究方法并未形成实证分析框架。本书选择使用 GIS 空间分析技术和多种实证分析方法刻画城市群空间结构的演变进程。

（三）政策建议创新

针对理论分析与实证分析，提出城市群空间结构的优化路径与对策建议。特别是在政府层面可以推行的市场一体化、公共服务均等化、核心城市的负外部效应、中小城镇独特市职能方面均提出了翔实的对策建议。目前，学术界对城市群空间结构有一定的研究基础，然而较多研究停留在对单一城市群的空间结构问题的研究中，最终更多研究集中在对区域增长极"单中心与多中心"的探讨中，对三大城市群空间结构的特性把握不足，相关研究也多从单个城市群的空间结构的某一方面进行分析，缺乏理论与实证结合全面具体的系统性分析。本书将视角转向寻找城市群空间结构形成和变动的特性，通过对城市群空间演变特性的理解和测度，来把握城市群的空间结构。

（四）研究层面新颖

大部分的研究以市域作为研究层面，这里的市域指的是地级市（自治州）层面，这对城市群的分析较为片面。本书从城镇体系的视角将市域的概念扩充。一方面，城市群的地域单元的划分与其功能性具有较强的相关性。在城市群的研究过程中，省域、市域或县域的层次划分对研究结果产生重大的影响。本书将结合传统意义上的省域、市域和县域的层次划分，以直辖市、副省级城市、地级市和县级市的城镇体系视域下的"新市域"层面对城市群进行研究。重点突出了大城市与小城市在城镇体系中发挥的不同作用。特别地，首次将长三角城市群的研究范围扩大至安徽省辖区。另一方面，每一个城市群具备自身的地理特性，细化研究单元可以更清晰地把握研究对象的发展方向。

二 拟解决的关键问题

（一）城市群空间结构演变、识别与机理

在区域经济发展中，不同的区域因其独特的区位而呈现不同的发展模式。如何提炼城市群空间结构演变的一般规律，并予以分析最具代表性的三大城市群的空间结构演变情况，在三大城市群的空间结构发展情况中提炼城市群空间结构演变规律，用以指导我国其他城市群和区域未来的发展，是研究三大城市群空间结构的第一个关键问题。城市群是城镇体系中较为先进的城市—区域发展模式，本书选择从城镇体系的视域入手，探索从一般到特殊，再从特殊到一般的理论演绎方式，将城镇体系的演变机理运用至城市群空间结构动态分析框架中，再从三大城市群的空间结构演变转变成城市群空间结构及其形成机理的一般规律。

(二) 构建三大城市群的空间结构演变理论框架

城市群作为城镇体系中先进的城市—区域发展系统，如何在城镇体系发展的理论中提炼城市群空间结构的动态演变框架，是本书需要解决的第二个关键问题。这要从城市群的微观、中观和宏观三个视角出发，微观层面考察构成城市群空间结构的要素层，包括城市群内部各城市的人口、经济等要素。中观层面考察城市群中各城市发挥其专业化能力的职能层。宏观层面考察城市群中各个城市间网络连接的关系层。通过三个层面的理论构建，分析要素层、职能层和关系层的动态演变，即可解决这一问题。

(三) 城市群空间结构演变的指标选择与测度

在动态演变框架构建完成后，接下来将要在实证分析中选择对城市群空间结构演变的指标并进行测度，这是本书需要解决的第三个关键问题。目前的研究中融合交叉学科，涌现出较多种类的实证分析方法。基于理论框架的构建，针对要素层选择使用等级规模结构指标：首位度和集中度指标；针对职能层选择衡量区域职能规模和专业化程度的指标：区位熵和纳尔逊指数；针对关系层选择衡量空间经济联系的引力模型。根据实证研究的需要，笔者选择对指标进行修正，使其更符合研究的需要，得到更为准确的结论。

第二章 概念界定与基础理论

接下来，本章将从两个部分展开工作。第一，概念的界定。从国内外学者对城市群的概念界定出发，进行归纳总结；对城市群相关的概念（都市圈、经济圈、经济带、城镇群等）进行辨析，同时明确城镇体系、空间结构等概念。第二，相关理论的概述。概述城市群空间结构演变过程中的理论基础，包括古典经济学理论和新经济地理学的理论，本章的工作将为下一步的研究奠定坚实的基础。

第一节 概念界定

一 城市群的概念

学者们对城市群的研究总是要从对城市群概念的界定开始。科学界定城市群的概念，既明确了研究对象的范围，也划定了城市群空间范围，便于进一步的研究。然而，对于城市群的概念，国内外学术界纷争激烈，多样化程度较高，至今仍无统一的定论。这一方面是由于研究者们对城市群的空间规模和结构、人口特征、行政区划、产业发展阶段等方面界定的差异所致。另一方面是由于研究者对城市群的认识逐步深入，即便是同一研究者，在不同时期发表的关于城市群内涵的观点也是变化的。更为重要的是，随着经济发展阶段的变化，城市群的内涵不断向外延伸，其规模、结构、形态和空间布局都处于不断变化的过程中。

(一) 国外学者对城市群的概念界定

国外学者提出城市群的概念要源起于霍华德（Ebenezer Howard, 1898）的"田园城市"模式和格迪斯（Patrick Geddes, 1915）的"城市演化路径"理论。国外学者对城市群的定义包括城市有机体（E. Saarinen, 1918）和地方行政区域结合体等（aggregates of local authority area）（Fawcett, 1931）。从这些关于城市群的概念来看，西方学者对城市群的概念界定既不明确，也没有一致的概念术语。戈特曼（1957）提出"大都市区"的概念，但其对这个概念是物质形态的还是功能性的表达也是含糊的。戈芒福德（1961）否定了戈特曼对都市区的定义，他认为"大都市带"是由于大城市地区人口激增，形成拥挤态势而存在的城市混杂体。弗里德曼（1993）则从产业布局的角度认为大都市区是产业空间整合的结果。Kipnis（1997）认为城市群是区域后工业化、后现代化活动和生活方式的主要核心节点。

(二) 中国学者对城市群的概念界定

于洪俊、宁越敏（1983）首次用"巨大都市带"向国内介绍了戈特曼的思想。宋家泰等（1985）在《城市总体规划》一书中提出"城市群"概念，认为"大城市及其周围小城镇或卫星镇的结合，可视为城市群类型的变形"。周一星（1998）提出都市连绵区（Metropolitan Inter-locking Region, MIR）的概念。姚士谋、陈振光（1992）首次对城市群的概念、特征进行界定，即"城市群是特定的地域范围内云集相当数量的不同性质、不同类型和规模等级的城市，以一个或多个大型或特大型城市为中心，依托一定的自然环境与交通条件建立城市之间的内在联系，共同构成一个相对完整的城市集合体"。姚士谋对城市群的类型和范围做出了较为明确的说明，即"城市群的发展与经济区内最大最活跃的城市发展有密切联系；地区内重要城市不断从中心向外围扩展，并沿着重要交通干线形成新的城市'节点'"（姚士谋，1992）。并根据城市群的组合特征、城市规模、经济基础和自然环境特征，把城市群分成超大型城市群、中等规模城市群组和城市密集地区三种类型。然而，姚士谋在2006年将城市群的基本概念概括为"在特定地域范围内具有相当数量的不同性质、类型和等级规模的城市，依托一定的自然环境条件，以一个或两个超大或特大城市作为地区经济的核心，借助现代化的交通工具和综合运输费网，以及高度发达的信息网络，发生与发展着城市之间的内在联系，共同构成一个相对完整的城市'集合体'"（姚士谋，2006）。这一概念是当前国内引用次数最多的中国城市群基本概念。顾朝林（1995，1999）也对城市群进了定义。戴宾（2004）等对城市群的相关概念进行了辨析。苗长虹等（2005）提出我国城市群空间范围界定的6个标准。方创琳（2005）将城市群定义为在特定地域范围内，以1个大城市为核心，由至少3个以上都市圈（区）或大城市为基本构成单元，依托发达的交通通信等基础设施网络，所形成的空间相对紧凑，经济联系紧密并最终实现同城化和一体化的城市群体。方创琳（2009）综合分析国内外专家相关判断指标和标准，提出城市群空间范围的10个判断标准。方创琳（2016）使用文献计量法，选取近百年有关城市群的研究文献83332篇，进行检索分析，从这些文献中搜索近百年有关城市群的定义和对城市群界定的历史演变轨迹和认知脉络，综述100多年来对城市群认识和定义的历程，对城市群的定义先后包括了城市地区、城市族群、城镇集群、城镇群、集合城市、城镇密集区、都市连绵区、城市经济区、扩展大都市区、城乡融合区、都市地区、巨型大都市区、巨大都市带、都市圈、新城镇密集带、城市几何体、城市地域组织体、城市命运共同体等几十种不同的定义（方创琳等，2016）。

（三）本书对城市群概念的总结

通过国内外学者关于城市群、城镇体系以及城市集聚体的各种表达，由于研究角度的不同，所提出的城市群的概念具有一定的差异。其中具有共性的词汇是若干城市、人口集聚、经济集聚、城镇体系等。这些关键词充分表达了城市群的内在特征。因此，作者认为，城市群呈现以下特点：

首先，城市群是一个地域性的概念。

其次，在数量和种类上，城市群中包含若干城市，具备群体特征；且这些城市具备不同的人口等级和经济等级。

再次，城市群内部若干城市拥有不同的产业，形成不同的城市职能。

最后，城市群内部各城市间通过交通、技术、信息等方式表达紧密的经济联系。

根据上述特征，城市群是在一定的地域范围内，由一个或几个超大城市以交通运输网络为联通线路，与若干规模的城市在人口与经济规模上形成等级，通过不同的行业职能构成密切经济联系的城市群落。

二　城市群与城镇体系

（一）城镇体系

城镇体系（Urban System），也称城市体系。在国外，这一概念出现于20世纪60年代初期。美国经济学家维宁（R. Vining，1942）关于区域体系和城市扩张的文章，成为研究城镇体系的先驱。1960年，美国地理学家邓肯（Duncan，1960）与其合作者们出版了《大城市和区域》一书，第一次提出了"城市体系"的概念。1962年贝利发表了"中心地体系的组成及其集聚"一文，1964年他又提出了人口分布与服务中心等级系统之间的关系。在这之后，各国学者集中研究城镇体系中的城市经济增长、城镇体系的空间相互作用，探寻城镇体系扩张规律等问题。20世纪70年代，城镇体系的研究更为丰富和深入，在等级规模、空间扩展、区域经济增长、城镇体系发展模式等方面进行了更多的研究。帕尔、贝利、鲍恩是较有代表性的学者。国内有关城镇体系的研究始于20世纪80年代。学者们主要的研究内容更多地倾向于区域开发与规划层面，主要包括城镇体系的发展机制、组织结构、城镇体系规划（指导思想、规划内容、规划程度、定量方法等）等。顾朝林（1992）认为城镇体系指一个国家或地区一系列规模不等、职能各异、相互联系、相互制约的城镇空间分布结构的有机整体。这一概念是一种广义的提法，获得了许多专家的认可。2005年，顾朝林提出重建国家城市体系的设想，从另一个角度重新提出了城镇体系的概念。他认为，城镇体系是在一定地域范围内，以中心城市为核心，由一系列不同等级规模、不同职能分工、相互密切联系的城镇组成的有机体（顾朝林，2005）。可以发现，许多学者关于"城市群"的概念与顾朝林的这一定义内容较为相近。这也意味着，研究者们对于"城市群作为城镇体系中最为主要的空间形式"是目前具有共识的表达。如此城市群必然具备城镇体系空间结构的发展特征。

（二）城市群与城市密集地区、城镇体系之间的关系辨析

城市密集地区的表达方式有多种，包括巨大都市带、大都市带、都市带、都市连绵区、城镇密集区、都市圈、城市经济圈等多重概念。巨大都市带的概念是由于洪俊、宁越敏等借鉴国外文献提出的。与巨大都市带在字面上相近的概念有"大都市带""都市带"。杜德斌和宁越敏在1999年提出都市带的概念，认为都市带是由众多规模大小不同、彼此密切联系的城市组成的网络体系，是城市化发展到高级阶段的产物。周一星（2007）提出大都市带的概念，他认为大都市带是由许多连成一片的都市区组成，并在经济、社会、文化等各方面联系密切、交互作用的巨大城市地域。

都市连绵区（Metropolitan Inter-locking Region，MIR）是20世纪90年代城市地理学界在研究我国沿海城市密集区域时较为常用的概念，1988年，周一星在借鉴戈特曼的"城市连绵区"概念的基础上，提出都市连绵区是以都市区为单元，以大城市为核心，以交通走廊为线路，以与周围地区密切的社会经济联系为网络构成的城乡一体化区域。

城镇密集区的概念是由孙一飞（1995）以江苏省为案例提出的。具体是指两个或两个以上30万人口以上的中心城市以及与中心城市相连相邻的连片城市化地区。城镇密集地区与城市群的概念内

涵基本相似，均需要具备较高城镇化水平、较大人口密度的特点。前者更侧重于地区，后者更侧重于城市（胡序威等，2000）。

都市圈（metropolitan area）的概念源自日本的"都市圈"概念，特指日本城市、产业和人口高度集聚在东京、京阪神、名古屋三大都市圈（张京祥等，2001）。主要是指城市化达到一定水平后，以发达的交通通信网络为基础，以一个或多个中心城市为主导，通过中心城市与周边城市间的人员流、资本流和信息流等经济联系，最终形成的经济社会高度一体化的经济体（杨勇等，2007）。在我国，都市一般均指大城市，都市化易理解为大都市化，我国的市辖区面积较大，只有当成城市功能区超过市辖区，或者其周围已形成众多城镇和卫星城的大都市，才成为大都市区或都市圈（胡序威等，2014）。与都市圈相像的概念还有"城市圈"的概念，两者在基本内涵上完全相同。方创琳认为，"都市圈是以超大城市、特大城市或者辐射带动能力强的大城市为核心，以1小时通行圈为基本范围形成的高度同城化地区"。都市圈是浓缩的城市群，是高度发育、高密度集聚的城市群，多个都市圈扩展到一定程度后就形成了城市群（方创琳，2020）。

城市经济圈是高汝熹、阮红（1990）在研究中国圈域经济的过程中提出的。主要是指以经济较发达的城市为中心，通过经济辐射和吸引，带动周围城市和农村，以形成统一的生产和流通经济网络空间（高汝熹，1990）。李耀新（1999）认为城市经济圈是指以经济比较发达并且有较强城市功能的中心城市为核心，同其有经济内在联系和地域相邻的若干周边城镇所覆盖的区域相组成的，其经济吸引和经济辐射能力能够达到并能促进相应地区经济发展的最大地域范围。

出现如此多的地域空间名词，其概念之间的差异主要是由于行政地理单元边界、空间结构边界以及发展阶段边界等方面界定差异所致。姚士谋等（2016）认为，巨大都市带、大都市带、都市带、都市连绵区、城镇密集区、都市圈、城市经济圈等概念都是城镇体系表现出来的空间形式的概念。结合前文城市群和城镇体系概念的界定，这一观点受作者的认可，亦符合本书的研究逻辑。根据目前国内的研究，城镇体系更像一个抽象的概念，小到一个城市、县城，大到国家层面、区域层面，均可以划分出城镇体系，且城镇体系贯穿了城市系统发展的每个阶段。城镇体系往往从城市（都市）的扩张开始，先有镇，再有更大空间范围的城镇。随着工业化的发展，部分城镇在增长极的带动下逐渐扩大空间边界，与其周边集聚能力较弱的城镇共同组成了都市区。随着工业化和城镇化的快速发展，都市区的集聚效应更加突出，空间边界不断扩大，形成了以都市区为核心，紧密联系周边城市的都市圈。几个空间距离较近、经济联系更为紧密、区域职能互补的都市圈便有较大可能形成城市群。随着城市扩张和人口流、资本流、物质流等的运动，这种空间形式的概念不断发生着变化。

三 空间结构与城市群空间结构的概念

（一）空间结构

结构是指事物的基本构成部分，即构成事物的要素之间存在相互关联的关系。空间结构的概念最初始于建筑学领域。《建筑经济大辞典》中对空间结构的定义是"空间构架承重的非平面体系结构的建筑物。如网架、薄壳、悬索等大跨度空间构架，适用于体育馆、大型剧场、车站、公路桥梁等大型公共建筑"。在经济学领域中，空间结构的概念更多的是依托于某一区域下的经济关系。一般来讲，包括"城市空间结构""区域空间经济结构""地域空间结构"等概念。"城市空间结构"主要是指构成城市的各要素在空间中的分布与相互作用。这种作用既包括空间的形态，也包括在空间形态中相互作用的动态演化机制。这样来讲，城市空间结构包括空间属性与非空间属性。空间属性是指构成城市要素的空间特征，非空间属性是指寄托于空间中要素的演化过程。城市群的空间结构作为城市群构成的最基本形式，是城市群的发展程度、阶段与过程在空间上的反映，可以理解为经济结构、社会结构、等级规模结构等在空间地域上的投影，反映特定区域内城市间相互关系和相互作用，体现城市群发展水平和度量城市群竞争力（吴建楠等，2013）。城市群发展必然伴随着城市群地区地域结构的变化。传统区域空间结构指的是各活动类型在地区内的分布及组合所具有的独特形式，包括点、线、网络、面及其中几种的叠加组合。其中点通常指的是工业和商业点等呈点状的场所，在城市群区域点可能代表一个市区。线指的是各种呈线状的设施，如高速公路线路等。网络指的是由多个关联的点和线交叉结合组成的，具有点或线单独存在时所不具有的更高级功能。区域空间结构网络的存在使区域经济中的商品流、资金流、信息流等流域产生流通。域面通常是指那些在地理空间中呈面状分布的经济活动如农田、市场等。此处介绍的为传统的区域空间结构概念（李秋丽，2017）。接下来的部分将对城市群空间结构理论予以详细介绍。

（二）城市群空间结构

前文所述，城市群空间结构的定义尚未统一。不同学者基于不同的区域空间结构理论，对城市群空间结构的认识亦各不相同。陆大道（1995）认为区域空间结构是指在一定范围内社会经济客体在空间中的相互关系，以及反映这种关系的客体和现象所形成的空间集聚程度和集聚形态。姚士谋（1995）认为城市群空间结构是指各个城市的经济结构、社会结构、规模结构、职能结构等组合结构在空间地域上的投影。侯晓虹（1992）认为城市群的空间结构是城市外部空间结构的延伸，是在更大区域背景下反映城镇间相互作用与相互关系的空间集聚规模与集聚程度。张祥建等（2003）从轴线（交通）、圈层、网络三个层面探讨了长三角城市群空间结构演化特征。王良建（2005）基于分形理论，依时间将长株潭城市群空间结构演化分为两个阶段，通过测度分形维数得出城市群的空间结构呈现分形特征，其空间关联程度、空间相互作用程度一般。宋吉涛等（2006）在探讨城市群空间结构稳定性时，认为城市群的空间结构是节点的数量、规模等级与空间配置关系。李震、顾朝林等

(2006)提出，城镇体系的地域空间结构是指某一体系内各个城镇在空间上的分布、联系及组合状态，其实质是一个国家或一定地域范围内经济和社会物质实体———城镇的空间组合形式。刘天东（2007）认为城市群的空间组织研究应当包括城市群的特征、功能、结构、等级体系等方面，并把城市群空间组织定义为"通过一定的自组织法则和人类干预对城市内以及城市间各要素的组合和布局"。李侬侬（2007）对空间组织和空间结构做了简单区分，认为城市群空间组织是城市群空间结构与空间功能的组合，但很多研究往往将城市群空间组织与空间结构理解为相同的概念。刘凯等（2020）在研究城市群空间结构对大气污染的影响时，对城市群空间结构的定义是"空间结构是区域发展状态的指示器，是不同要素在空间中的分布和组合装填，是城市群发育程度与过程的空间反映"。

综上所述，结合城市群的内涵，城市群的空间结构可从城市群内部城市等级规模结构形态、各城市的空间职能以及各城市间的空间经济联系入手进行研究。传统对区域的空间结构的描述总呈现出典型性，这种典型性的描述通常无法通过一个简单的模式来描绘城市群的空间特征。因此，在接下来对城市群空间结构的分析中，我们试图从城市群的空间形成和变动中寻找城市群空间结构的特征。

四 市域的概念

市域的概念从字面上讲是城市行政管辖的全部区域。然而，我国的行政区划划分具有一定的特色。新中国成立后，在省级行政区之上设立六大行政区。1954年，全国六大区行政机构撤销与合并若干省、市建制，保留了北京、上海、天津为中央直辖市，中央直辖市与省、自治区同一行政级别，将其余中央直辖市并入临近的省并降格为省辖市，同时对其实行国家计划单列体制。改革开放以后，国务院批复了宁波市、厦门市、深圳市、南京市、成都市、长春市实行计划单列。1994年，中央机构编制委员会将包括重庆在内的16个计划单列市确定为副省级市。因此，我国共计15座副省级城市，其中，宁波、深圳等5座城市是计划单列市，其他城市为省会城市。

再次,在省与县之间设置"专区",20世纪70年代,以"地区"取代"专区",并于80年代实行地市合并、地改市、县级市(或县)升格为地级市,实行市管县体制改革,故称为地级市。最后,在专区改称地区以前,专区所辖的市称为"专辖市",后改为地区后,"专辖市"改称为"地辖市",80年代地级行政区划改革以后,部分县因满足一定的条件改称为县级市。县级市的行政区划术语确立。

综上所述,本书因后续研究工作的需要,将城市群的研究层面确定为市域,主要包括直辖市、副省级城市、地级市和县级市四个类型,其中,副省级包含省会城市,不再分开讨论;副省级城市、地级市与县级市不进行分开讨论时,以副省级城市、地级市全域进行研究,分开进行讨论时,副省级城市、地级市仅包含市辖区的范围。

第二节 相关理论概述

空间结构是社会经济客体在空间中相互作用及所形成的空间集聚程度和集聚形态,对区域社会经济的空间组合状态可以从不同的空间尺度和层次、角度去观察。因此,空间结构的理论基础源于区位理论,也受到区域(非)均衡经济发展等理论的指引。依照这一思路,空间结构理论经历了区位理论、新经济地理学理论以及区域发展非均衡理论等,并受到空间相互作用、空间分形和空间相互依存等理论的影响。

一 区位理论

区位是地理学和经济学共用的概念。区位在很大程度上,依托于地理位置,但更多强调其所处的经济环境和代表的经济价值。区位具有区域位置和在经济发展体系中所居地位的双重内涵(高进田,2007)。从杜能(Thünen,1826)开创农业区位理论以来,区位理论历经近300年的发展，形成了一套较为完善的区位分析理论，包括杜能的农业区位论、韦伯的工业区位论、克里斯塔勒的中心地理论、以艾萨德为代表的现代区位理论等。

（一）杜能的农业区位论

农业区位理论诞生于19世纪20年代，是当时德国（普鲁士）进行农业制度改革的产物，由德国农业经济学家冯·杜能提出。杜能的主要观点是，城市在区域经济发展中起主导作用，城市对区域经济的促进作用与空间距离成反比，区域经济的发展应以城市为中心，以圈层状的空间分布为特点逐步向外发展。在分析农业应如何布局时，杜能首先设定了一系列假设条件：第一，存在一个"孤立国"，与世隔绝，全国土地均为沃野平原，土地肥沃程度相同，均适宜于耕作；第二，"孤立国"中仅有一个城市，居于国家中央，且并无可通航的河道，矿山和盐场均位于城市附近；第三，除了仅有的城市外，其他地区均为农村，距离城市最远的土地尚未开垦；第四，城市所需食物全部由农村供给，其他产品由城市供给。这些假设条件排除了其他因素的影响（杜能，1986），而只集中分析一个因素即"距离市场远近"对农业布局的影响。杜能认为，在农业生产地即农村与农产品消费地即城市存在运输成本的条件下，为了实现利润最大化，农业将以城市为中心，围绕城市形成若干农产品种植或养殖的圈层结构。其中，与城市距离最近的第一圈层为自由农作圈，主要生产蔬菜、水果、牛奶等农产品；第二圈层为林业圈，主要生产木材供给城市；第三、四、五圈层为谷物生产圈，其中第三圈层采用轮栽作物制、第四圈采用轮作休闲制、第五圈采用三区轮作制；第六圈为畜牧圈，主要生产牧草和养畜；第六圈之外，是未开垦的荒野。杜能以区位地租为出发点，引入运输成本作为农业区位选择的重要因子，揭示了农业的空间分异，各种农业生产方式在空间上呈现同心圆圈层结构。然而，杜能仅考虑农业土地利用（高进田，2007），而未考虑城市周围土地的利用。一般而言，现代城市周围不仅有农业土地利用，同时也混杂着写字楼、商业、住宅、工厂等各种各样的土地利用。其未能预见到目前空间结构演化的复杂性，构建的农业土地用地模型难以解决现在空间与经济发展的现实问题。

（二）工业区位论

工业区位理论是关于工业布局的空间结构理论。1909年，韦伯发表了《论工业的区位》标志着工业区位论的诞生。韦伯从经济区位的视角出发，探索资本、人口等生产要素向大城市移动的空间机制。韦伯选择以工业生产为对象，通过探索工业生产的区位活动，试图解释人口地域间大规模移动以及城市的人口与产业的集聚原因。研究做了一系列假设前提，三个假定条件分别为：第一，原料供给地的地理分布是给定的；第二，消费圈层的地理属性是给定的；第三，不涉及工业劳动力基地的流动。在此假设基础上，韦伯将影响区位的因素分为两类：区域性因素和集聚因素。韦伯通过逐步放松基本假设，将生产区位的确定分为三个阶段。第一阶段构建基本的工业区位框架，不考虑运费以外的一般区域性因子，将原料生产—供给进行了区分，得出了工业区位取决于各产地和市场对生产地的吸引力。第二阶段放宽假设，将劳动费用作为考察对象，运用等费用线和劳动力系数测度工业区位的选择。第三阶段继续放宽假设，考虑运输成本、劳动成本和集聚效益都起作用时工业区位的变化。这里集聚效益通常表达的不仅是对工业区位的吸引力，也有对工业区位的分散力。集聚效益产生内部效益和外部效益两类。内部效益是指工业内部生产规模扩大产生经济效益的扩大和企业生产在地域上的集中而带来的分工序列化和集聚化。外部效益是指工业选址因选择了与其他工厂相邻的位置而得到了额外的利益，例如共同使用的基础设施、共同使用的劳动力市场以及共同的消费市场。

韦伯是第一个系统建立工业区位理论体系的学者，首次将抽象和演绎的方法用于工业区位研究中，以最小费用区位选择作为工业布局的指导原则，对其他产业布局具有重要影响，并成为经济区位选择的一般理论。然而，韦伯的工业区位论存在一定的局限。其完全竞争条件的假设是非现实的，对单个生产单位的区位考察进行了局部均衡分析，对整个区位问题的一般均衡分析涉及较少，且由于技术和交通运输的发展，带来了原料使用量和劳动费用以及运费大幅度削减，工业区位的选择将不完全依赖于生产要素供给地的指向，一部分类型的产业区位将无法直接套用韦伯的理论。

(三) 中心地理论

中心地理论的研究者是以德国地理学家沃尔特·克里斯塔勒（Walter Christaller, 1933）和勒施（Lösch, 1940）为主的一批学者。克里斯塔勒从地图上的聚落分布出发，系统阐述了具有城市职能的中心地的"中心地理论"。该理论是以商业集聚中心为研究对象，运用演绎法研究中心地的空间分布。克里斯塔勒提出了市场区域呈六边形组织结构的城镇体系模式，认为城市具有等级序列，是一种蜂窝状的经济结构，城市的辐射范围是一个正六边形，每个顶点又是次一级的中心。中心地的空间分布取决于市场、交通和行政三大因素。克里斯塔勒以均值区域为假设，认为企业的市场区是呈圆形的，企业产品销售可达的圆为最大销售范围，在这个范围销售的产品为最大销售量；如果区域内的企业数量众多，那么同类企业将构成多个圆形市场区。在扩大市场销售范围的过程中，企业会尽可能扩充市场区，这一过程中会有新的企业加入进来，最终市场区形成了接近圆形又没有空隙的正六边形。与此同时，克里斯塔勒还探讨了一定区域内中心地规模、等级、数量、职能类型与人口的关系，构建等级结构体系，并在此基础上总结中心地的空间结构的规律性。中心地理论以城市为研究对象，推动了城市地理和区域开发与规划的发展，探讨的静态一般均衡情况，为以后的动态一般均衡开辟了道路。然而，克里斯塔勒对集聚效益的考察并不多，这也导致其并未对同一等级或不同等级设施集中布局加以探讨，从而对需求增加、交通发展和人口的移动带来的中心地系统的变化没有进行论述，缺乏考虑时间轴上城市体系的发展过程和发展趋势。

勒施（Lösch, 1940）对克里斯塔勒的理论进行了补充。勒施提出,区位的均衡取决于两个基本要素,对于个体经济而言,是追求利润最大化;就经济整体而言,是独立经济单位数最大化。个体经济实现利润最大化是内部经营努力的结果,而经济整体中则存在多个竞争者,新竞争者的加入会挤占空间,缩小原竞争者的利润,因此,经济整体则存在对空间的获取和其他经济单位对空间的再夺取。以工业为例建立模型,勒施以利润原则说明区位趋势,区位空间达到均衡的最佳模型是正六边形。六边形既具有接近圆的特点,也具有比三角形和正方形等其他多边形运送距离最短的特点,需求可以达到最大化。与克里斯塔勒的理论相比,勒施的模型中,中心地职能与人口不一一对应,具备同一职能的中心地人口不一定相同,这就意味着中心地的职能等级结构与人口规模等级结构不一定一致。此外,勒施以交通干线为界会形成富裕区与贫穷区。在主要的交通干线两侧必然会集中更多的产业和人口而形成富裕区,交通不便的地方很少有企业和人口,形成贫穷区。这一景观被后人称作勒施景观。

(四)现代区位理论

区别于古典区位论,现代区位理论更加侧重系统化、综合化的研究,也将区位理论引入"空间经济学"的领域,形成了现代空间结构理论。艾萨德(Esad,1960)是现代区位理论的主要代表人。他改变了克里斯塔勒关于匀质区域的假设,并将单个企业的最佳区位模型进行扩展,认为最大利润原则的实现不完全取决于厂商,与自然环境、产品成本、商业流动、运输、社会政策和区域间工资水平、价格水平变化等因素相关。这些因素都将影响区位的选择。艾萨德追求的是区域总体的均衡以及各种要素对区域总体均衡的影响,从而开创了区域空间结构发展的综合性研究。

二 新经济地理学下的空间结构理论

20世纪90年代初,美国新经济地理学家克鲁格曼在马歇尔的外部经济理论基础上,提出了中心—外围理论。其在《地理和贸易》《发展、地理和经济理论》中定义了经济地理,即为"生产的空间区位"。1999年，克鲁格曼（Krugreman）与Masahisa Fujita和Fujita Venables合著《空间经济：城市、区域和国际贸易》，运用D—S非对称垄断竞争模型构建了中心—外围模型。克鲁格曼指出，经济学家过去之所以不愿意涉及经济地理问题，主要是因为他们觉得无法逾越技术上的障碍。"不过我们认为，迪克西特—斯蒂格利茨模型的长处对于我们的研究目的来说具有无法抵抗的吸引力。"克鲁格曼以迪克西特—斯蒂格利茨垄断竞争模型为基础，以规模报酬递增、垄断竞争和存在运输条件为前提条件，构建了"中心—外围"模型，将空间因素纳入主流经济学的研究中来。

克鲁格曼指出，农业是完全竞争的，生产单一的同质产品，而制造业部门是垄断竞争的，供给大量的差异化产品，具有收益递增的特征；两个部门分别仅使用一种资源——劳动力；农业雇佣劳动力要素不可流动，制造业工人可以自由流动。农产品无运输成本，而制造业存在"冰山成本"。经济的演化可能导致中心—外围格局："制造业"中心和农业"外围"。克鲁格曼认为区域经济增长的过程是由集聚和扩散决定的，主要是看促使产业地理集中的向心力和削减产业地理集中的离心力两者谁占主导地位。构成集聚与扩散的主要动力机制是本地市场效应、价格指数效应和市场拥挤效应。其中，本地市场效应和价格指数效应将有利于企业和消费者在本地进行生产和消费。新经济地理学认为，实现一国或地区的经济增长主要通过增长极或核心区域的集聚来实现。其核心思想是报酬递增、运输成本与要素流动之间相互作用所产生的向心力导致两个或几个地区演变成一个核心与外围的集聚模式。

克鲁格曼认为集聚的形成有三个主要原因：（1）需求。公司一般会选择定位在有大量需求的地方。因为有规模经济所带来的收益增长，公司都喜欢从这个起始地点向其他地方供货。较低的运输成本使之成为可能。有最大需求的地方会吸引其他的公司，从而集聚越多，就更具有吸引力。生产者愿意设立在需求量大而且运输方便的地方。规模经济潜力越大，运输费用越低，集聚的可能性越大。

这种现象一般是出现在有大型经济单位的地区内部。(2) 外部经济。外部经济有三个来源，这源于马歇尔的理论。其中劳动市场共享是外部经济的最主要原因。集聚吸引了有专业技术的劳动者，共享源是专业化投入和服务。第三个来源则是只适合信息的流动。外部经济的这三个来源形成了空间集聚的向心力。(3) 产业地方化、专业化本身可能只是一个历史的偶然。但不管最初是什么原因，一旦这个专业化的格局出现，这一格局由于累积循环的自我实现机制而被锁定。"生产活动倾向于集聚在市场大的地方，而市场因为生产活动的集聚而进一步扩大"，这就是累积循环因果关系。但这也有不利的一面，这个地区可能会把所有的资源都用在这一个产业上。

新经济地理学的创新在于使用一般均衡方法，通过中心—外围模型、城市体系演化模型、产业集聚与扩散模型等形式化精致模型的建造，提出了一个同时包括收益递增、不完全竞争、运输成本和要素流动等内容的规范分析框架，来研究空间结构的形成与演化。区域空间结构关注经济活动分布的不均衡，从累积因果关系、路径依赖、溢出效应等方面探索不同区域社会空间结构的演化。这对空间结构理论的分析具有重要意义。

三 区域经济非均衡发展理论

受新古典经济学的区域经济均衡增长理论影响，较多发展中国家或地区采用均衡发展模式。然而，地区经济发展的速度不一、先后顺序不一严重冲击了均衡发展模式。1950年以来，发达国家以追求经济高速增长为目标采用了区域非均衡增长的发展模式。这一理论认为二元经济条件下的区域增长必然伴随着非均衡的过程。一般包括增长极理论、累积循环因果理论、梯度转移理论、核心—边缘理论以及"点—轴"理论。

(一) 增长极理论

20世纪50年代，法国经济学家佩鲁（F. Perrous, 1955）认为，由主导产业中的创新企业在大城市进行聚集而形成的产业之间密切协作关系是促进区域经济增长的重要途径。这些企业通常位于城市中心，使城市具有生产、贸易、金融、信息、运输、服务和决策等多种功能，像一个"磁极"，佩鲁称"磁极"为增长极。他提出应当有意识地培育具有创新性的推进型企业，这些推进型企业所在的地域空间，即是区位条件优越的地区，利用推进型企业的集聚形成增长极，通过扩散作用和极化作用带动整个地区和相邻企业的经济发展，促进区域经济增长。

（二）累积循环因果理论

缪尔达尔（Gurmar Myrdal，1957）提出社会经济的变动是多种因素共同决定的，技术进步、社会、政治、经济、文化等各因素相互联系、相互影响、互为因果。他认为，经济社会的变化是一个"累积循环"的态势，从初始变化而后产生"次级强化"运动，最后产生"上升或下降"的过程，反过来又影响初始变化。经济初始的差距会因产出水平、收入水平、生产水平、生活水平、制度和政策的变化而变化，从而产生生产要素持续从落后地区向发达地区流动的现象，这种现象也称为回流效应。美国经济学家赫希曼（A. O. Hirshman，1958）提出了极化效应与涓滴效应，认为地区经济经过核心区域的极化效应，最终以涓滴效应带动周围地区的经济发展。综上而言，极化作用、回流效应阐述了在外部因素的推动下，经济活动向具有区位优势的地区聚集，与周围产生差距形成增长极；在循环累积因果关系的作用下，外围区域的人口、资本、产业等持续向中心流动，中心—外围的经济差距进一步扩大，聚集加强。笔者将这一过程称为聚集效应（Aggregation Effect）。扩散作用、涓滴效应阐述了当经济发展到较为成熟的阶段时，由于核心区域的聚集效应过大，生产生活成本大大提高，外部负效应被强化，导致增长极的资源禀赋向外围区域扩散。笔者将这一过程称为扩散效应（Diffusion Effect）。地区经济在聚集效应和扩散效应的交互作用下实现增长。由于某些区位优势而较早实现快速经济增长的地区，吸引周围区域的生产要素和产业集聚，聚集效应变大，此时扩散效应的作用效果较小，空间极化指标呈上升趋势。随着要素不断流动，由于要素的过度集中产生外部负效应和资本转移以及知识技术扩散产生正外部效应，促使扩散效应扩大并超过聚集效应，空间极化指标呈下降趋势。要素的流动、资本积累的递减、技术扩散的空间有界性的交互作用下，聚集效应和扩散效应此增彼减（吴昊、李美琦，2018）。

（三）梯度转移理论

梯度转移理论是建立在产品周期理论基础上的，由拉旦·弗农（Ruttan Vernon，1966）提出。他认为，各工业部门都处在不同的生命循环阶段上，在发展过程中必然要经历创新、发展、成熟和衰老四个阶段。梯度转移理论的基本观点是，以考察区域之间经济总水平的差异为起点，一个地区的经济差异取决于其产业结构，而产业结构的状况又取决于本地区经济部门的先进程度。与产品周期相对，若主导部门由创新占主体的专业部门构成，则该区域则纳入高梯度区域，反之则属于低梯度。推动地区经济发展的创新活动一般主要发生在高梯度区域，以产品生命周期的顺序由高梯度向低梯度转移。梯度转移以城市体系为载体，这主要是由于创新活动通常集中在城市，且城市的环境条件和经济基础更具优势。具体的梯度转移有两种方式，一种是创新活动从中心地向周围相邻城市转移，另一种是创新活动从中心地向距离较远的二级城市转移。

（四）核心—边缘理论

1966年，美国区域经济与区域规划专家弗里德曼（Friedman，1966）依据罗斯托的经济发展阶段理论，提出了区域空间结构的演变可以分为四个阶段。第一个阶段是前工业阶段的区域空间结构，这个阶段代表了工业化之前的时期。区域空间结构的特征是区域空间均质无序，他认为，在区域不平衡发展过程中，经济布局的空间结构由若干个地方中心组成。对应的区域空间结构是由一些独立的地方中心与广大的农村所组成，每个地方中心都占据一块狭小的地方，区域内各地区之间相对封闭，彼此联系较少。第二个阶段是工业化初期的过渡阶段。在工业化进程中，某个地方经过长期积累或外部刺激而获得发展的动力，经济快速增长，发展到一定程度就成了区域经济的中心，这个中心的产生打破了上一阶段空间结构的原始均衡状态。这个阶段区域空间结构由单个相对强大的经济中心与落后的外围地区组成。该中心以经济发展的优势吸引外围地区要素不断集聚，越来越强大，而外围地区则趋向落后。第三个阶段是工业化阶段。随着经济活动范围的扩展，在区域的其他地方产生了新的经济中心，这些新经济中心与原来的经济中心在发展上和空间上相互联系、组合，形成了区域的经济中心体系。由于每个经济中心都有与其规模相应的大小不一的外围地区，区域中呈现若干规模不等的中心—外围结构。这些中心—外围结构依据各自中心在经济中心体系中的位置及关系，相互组合在一起，构成了区域空间结构。这一时期，区域空间结构趋向复杂化和有序化，并对区域经济产生积极的影响。第四个阶段是后工业化阶段的区域空间结构。这一时期经济发展达到了较高的水平，区域内各地区间的经济交往日趋紧密和广泛，不同层次和规模的经济中心与其外围地区的联系越来越紧密，它们之间的经济发展水平差异在缩小。区域内逐步形成了功能一体化的空间结构体系。随着中心外围地区间的界限逐渐消失，最终呈现空间一体化形式。

（五）点—轴理论

中国学者陆大道（1984）系统阐述了"点—轴"空间结构的形成过程。"点"指各级居民点和中心城市，"轴"指由交通、通信干线和能源、水源通道连接起来的"基础设施束"；"轴"对附近区域有很强的经济吸引力和凝聚力。轴线上集中的社会经济设施通过产品、信息、技术、人员、金融等，对附近区域有扩散作用。扩散的物质要素和非物质要素作用于附近区域，与区域生产力要素相结合，形成新的生产力，推动社会经济的发展。

点轴开发模式是增长极理论的延伸，从区域经济发展的过程看，经济中心总是首先集中在少数条件较好的区位，呈斑点状分布。这种经济中心既是区域增长极,也是点轴开发模式的点。随着经济的发展,经济中心逐渐增加,点与点之间,由于生产要素交换需要交通线路以及动力供应线、水源供应线等,相互连接起来就是轴线。这种轴线首先是为区域增长极服务的,但轴线一经形成,对人口、产业也具有吸引力,吸引人口、产业向轴线两侧集聚,并产生新的增长点。点轴贯通,就形成点轴系统。因此,点轴开发可以理解为从发达区域大大小小的经济中心(点)沿交通线路向不发达区域纵深地发展推移。

四 其他区域空间结构理论

区域的发展不仅需要自身的组织协调,还要与相关的其他区域发生相互作用。空间结构理论亦受到空间相互作用、空间分形和空间相互依存等理论的影响。

(一)空间相互作用理论

空间相互作用是指相关的区域在商品、劳务、资本、技术等方面的交流,以及在此基础上产生的经济联系。空间相互作用具备两方面的作用,一方面可以使区域之间联系加强,拓展经济活动空间;另一方面会因区域之间对资本、要素、人口以及技术等竞争而弱化区域间的联系。空间相互作用的发展基于以下几个条件:第一,区域之间存在互补性;区域之间必然存在对某些商品、技术或劳动力等方面的供求,只有区域间存在互补性,才有建立经济联系的必要(李小建,1999)。第二,区域之间存在通达性。城市间的货物、人员和信息的移动以交通运输和通信工具为载体。空间距离和运输时间越长,经济联系越不方便。第三,干扰性。在满足前两个条件下,若区域间存在另一个城市,并对货物、人员或信息同样具备供给或消费的需求,从而产生中间机会,区域之间的联系因其他区域的干扰而降低,将会使原来的两个区域间相互作用弱化或中断。区域之间相互作用的互补性与交通通达性是多向的,在与其中一个区域作用的同时,会产生与其他区域的联系。城市间相互作用的大小取决于物质流、能量流、人员流及技术信息流的大小,流量越大，相互作用量越大。

(二) 空间分形理论

分形理论是由美国数学家伯努瓦·曼德布罗特 (B. B. Mandelbort, 1975) 率先提出的 (曼德布罗特, 1999)。他以英国海岸线为研究对象，发现任取其局部海岸线和整体海岸线均呈现出不规则、不光滑的复杂形态，并由此得出了事物局部形态与整体形态相似的结论。随后以山川、星系、地貌湍流等进行了验证，将局部与整体以某种方式相似的形体称为分形并描述其形态。曼德布罗特运用分形维数衡量分析物体的不规则和断裂程度，构建了分形几何学。分形理论应用至空间经济学中，使用在城市分形结构、土地结构演变等方面。阿森豪斯 (S. ArLinghaus, 1985) 以分形曲线显示中心地理论的几何形态是分形的，并用数学严格证明了中心地勒施体系可用分形生成。巴蒂 (M. Batty, 1985) 运用分形理论探讨城市的边界线、土地使用的形态、城市形态与增长等。

(三) 空间相互依存理论

相互依存理论本是国际贸易理论中的一部分，专门研究世界各国在经济上互相联系、彼此依赖的有关问题，着重考察一国经济的发展与国际经济往来之间的敏感反应关系。布鲁克菲尔德 (H. Brookfield, 1975) 在《相互依赖的发展》中认为，发达国家的经济发展不仅比不发达国家更依赖于资源和资本密集的技术，同时依赖不发达国家的资源、劳动力和市场。受依赖关系的影响，不发达国家的内部变革也使其越来越依赖发达国家的资源和资本，这是相互依赖。我国学者刘再兴 (1987) 提出，区域联合从本质上将是区域间的相互依存。第二次世界大战后以欧洲共同体为代表的区域一体化均体现出了相互依赖关系。他提出，在不同的社会制度下相互依赖具有一定的特殊表现形式，但在一般本质的原因上，体现为如下几个方面：第一，本地生产力的内在扩张力将推动其向周边区域转移、扩展和延伸；第二，商品经济的发展和交通、通信技术的提高将加快生产要素的流动，在空间内相互往来和相互依赖；第三，各地区之间的差异性决定了发展模式的多样性，相互之间在发展条件上优劣并存，相互依赖；第四，技术的空间推移和协作既促使发达地区不断投入研发，也促使落后地区引进技术来提高自身技术进步和经济发展。以上原因使区域间的相互依赖具备了客观的必然性。

第三章 城市群空间结构演变的理论分析框架

基于阅读、整理、分析大量文献，对本书涉及的相关概念进行界定，并概括阐述了相关基础理论。接下来研究工作尝试构建城市群空间结构演变的理论分析框架。本章分为三部分，第一部分是阐释城镇体系的演变机理，并据此构建第二部分内容：城市群空间结构演变的动态分析框架，以要素层—空间等级规模结构、职能层—空间职能规模结构、关系层—空间经济联系结构构成城市群空间结构的演变分析内容。第三部分是在动态分析框架中建立城市群空间结构演变的影响机制，如图 3-1 所示。

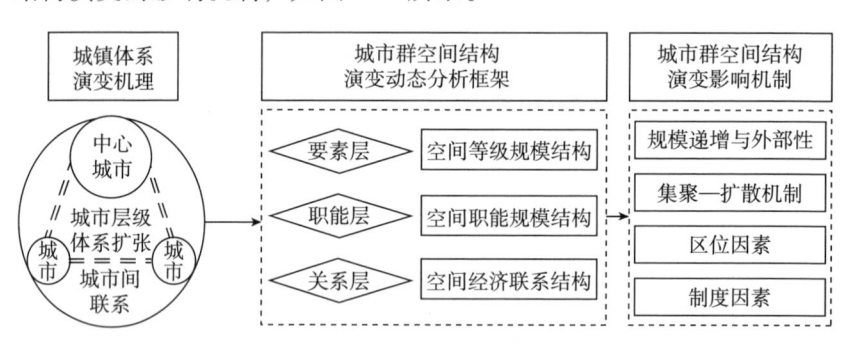

图 3-1 城市群空间结构演变的理论分析框架

第一节 城镇体系的演变机理

作为城镇体系发展的高级形式，城市群空间结构的形成与发展从城市的扩张开始。伴随着工业化和城镇化，区域中城市的不断扩张表现为人口规模的增加、土地的扩张和经济的高速增长。若干城市以不同的扩张速度在经济空间中形成核心地区与外围地区。与此同时，不同城市的扩张过程中，互相之间通过降低交易成本发展专业化经济，依次产生了城市间经济的沟通，形成了经济上密切的分工与合作，这便形成了不同层级体系的城市系统，如果将城市系统的空间概念外延，则需要包括更小的城镇（市）、乡村。从城镇体系的演变进程中，可以探寻城市群空间结构形成与发展的基本特征。本节将探讨城镇体系的空间结构特征，为城市群空间结构的演化奠定理论分析基础。

一 单中心与多中心的演变

城镇体系的形成与发展源于城市的扩张。城市扩张从低级阶段发展到高级阶段，一般表现为从农村、城镇发展成为城市、大城市、特大城市、大都市区、都市带、都市综合体等。然而，学界对区域系统中的单中心或多中心之争尚未定论。支持单中心论的众多学者从三个角度提出论据：第一，单中心城市结构利用就业与居住地间的平衡可以大大地缩短通勤距离、降低通勤成本；第二，单中心结构可以形成产业集聚中心，城市功能较为集中；第三，单中心结构有利于建立高效的公共交通系统，便于与外围城市联通。然而，单中心结构的弊端也是显而易见的，其过于集聚的人口造成城市的交通拥堵、环境污染、基本公共服务不足等"城市病"，从而导致人口迁移，并不利于经济持续集聚。支持多中心论的学者从两个角度提出论据：第一，在构建多中心结构时要平衡就业用地与居住用地，即可发现多中心间就业与通勤的潜力；第二，多中心结构有利于分散单中心结构的交通压力，削弱甚至克服单中心结构的负外部性。多中心结构也面临着一定的弊端，用地平衡难度较大、集聚效应降低、中心之间竞合关系协调难度大等。

从对中心结构的争论来看，单中心与多中心结构各有利弊。两者间是否还存在第三种发展模式？从现实角度出发，我国的城镇体系是在传统计划经济体制下形成的，在城镇体系的发展过程中，行政要素起着重要的作用。从新中国成立以来六大行政区的中心逐渐演变成为目前34个省级行政区的政治中心，行政中心即经济中心的模式。从三大城市群来看，珠三角城市群的最初结构亦是以广州为核的单中心结构，长三角城市群是以上海为核的单中心结构，京津冀城市群是以首都北京为核的单中心结构。然而，各省级行政区的行政中心通常也是本地区的经济重心，虽然与本地区各城市的联系紧密度较为均衡，也忽略了不同地区的区位优势。因此，单中心结构在部分地区发挥其较高的经济效率，却在大部分地区中无法突出其集聚效应。因此，政府在不同的地区均以行政手段推动多中心城市的构建。建设深圳特区、开放沿海地区等政策倾斜在不同地区形成了多中心结构或具备层级的单中心结构，也可称其为单中心—多层级结构。到目前为止，我国三大城市群中，珠三角城市群已是典型的以广州—深圳为双核的多中心城市群结构；长三角城市群是以上海为单核的单中心，以苏—杭—宁为次一级中心多层级城市群结构；京津冀城市群以京—津为双核的多中心结构，其多中心结构的竞合关系协调难度较大，这也导致京津双核结构并不突出。

二 城市层级体系的扩张

从城镇体系中的核心城市出发，探寻到单中心与多中心之争。分析其利弊后，我们发现，在单中心与多中心结构之外，还存在单（多）中心—多层级结构。城市间通过人口流动、产品贸易、技术交流、运输往来而相互作用，形成了城镇体系的系统化内涵。

从"杜能环"的单城市模式开始，研究者们便不间断地修正这一模型，试图超越单个城市而考察城市体系。中心地理论认为产品的差异引致规模经济、运输成本的均衡将导致城市体系的产生。以克鲁格曼为代表的新经济地理论阐释了不同类型、不同规模的城市将形成明确的分工，进而形成新城市和城市等级，通过对运输成本和替代产品参数不同的设置，考察城市层级体系的形成与扩张。行业规模经济的演变和运输成本差异化形成了新的城市。企业重新定位、人口规模变化等市场化进程形成了不同等级的城市。因此，城市体系实际上是由不同规模的城市形成。

一般均衡区位模型的分析中，在市场机制作用下，要素自由流动将导致集聚效应、知识溢出、外部性等的充分发挥，扩散效应则抑制城市规模过度膨胀，最终形成城市层级分布的稳态（梁琦、陈强远、王如玉，2013）。稳态的变化与要素是否自由流动息息相关。要素流动受自然因素、经济因素与制度因素的影响，从而形成向心力与离心力。众多流动要素中，劳动力的流动与城市层级体系的扩张紧密相关。在我国，根深蒂固的户籍制度限制着人口流动，且层级越高的城市户籍制度限制条件越苛刻。较以往，目前我国户籍制度改革以城镇化为代表不断推动，但在就业、教育、医疗、养老、住房等基本公共服务方面，区域间差异较大。户籍制度的约束导致人口流动受限，甚至许多以大城市为治理"城市病"而增加落户条件，限制人口流动。我国三大城市群中，珠三角城市群中城市数量较少，但在产业分工、城市职能上已形成较为稳定的城市层级体系；长三角城市群的单中心多层级结构形成了大中小城市层级体系；京津冀城市群的层级体系不够突出，缺少产业互补的中小城市。

三 城镇体系的经济联系

合理的城市层级分布结构包括大、中、小城市，城市间产业关联度较强，功能互补，技术外溢，使构建城市间紧密的联系成为可能。经济学与地理学对区域经济联系的复杂性进行了深入研究。较早出现的包括"田园城市""集合城市""卫星城"等概念，突出城市—区域间的紧密联系。中心地理论探讨城市与城市间的联系。20世纪50年代，随着运输与信息网络化的发展，加强了城市体系经济联系，推动了城镇化进程，城市规模逐步扩大，大量城市快速集聚。迪马提斯（1997）对城市体系空间联系的划分，可以分为网络联系（Network Relations）和地区联系（Territorial Relations）。其中，网络联系是指城市体系内重要节点与空间距离的关系，地区联系指的是相邻地区（城市）间的联系。克鲁格曼（1999）认为城市的形成发展就是与周围地区不断加强经济联系的集聚过程。由此，城市体系内各城市间的联系包含两个层次，其一是中心城市与外围区域间的空间联系。通过交通运输网络构建中心城市向外辐射的空间网络，中心城市利用自身的先发优势，吸引人流、物流、信息流、资金流不断向其集聚。随着流动规模扩大和流动速度加快，城市间关系日益加强。其二是相邻城市间的相互联系。每个城市利用自身的区位优势，与相邻区域进行劳动力共享、技术空间外溢和实现本地专业化经济，不断储蓄自身的经济能量并向外辐射，影响自己和周围地区。

第二节 城市群空间结构演变的动态分析框架

通过对城镇体系演变机理的分析，解构了城镇体系一般演化机理：从城市扩张的核心城市结构到城市层级体系的扩张和城市间经济联系。基于以上分析，接下来将构建城市群空间结构动态分析框架。传统的对区域空间结构的描述总呈现出典型性，这种典型性的描述通常无法通过一个简单的模式来描绘城市群的空间特征。因此，在对城市群空间结构的分析中，我们可以试图通过对城市群的空间形成和变动的阐释，更好地把握城市群空间结构。

一 空间等级规模结构演变机制

城镇体系理论认为中心城市在城市系统是举足轻重的。受克鲁格曼新经济地理学的影响，大量文献也在研究城市群的空间结构时将其以单中心与多中心两种模式予以划分。然而，突出首位城市在城市群空间结构发挥的作用，不无道理，却有失偏颇。若从城市群的空间结构演变出发，城市群内部每个城市应处于其相应的等级位置，发挥其相应的功能，并在储蓄自身能量和影响相邻地区的进程中丰富其城市功能，其在等级结构中的位置也相应地发生变化，城市群空间结构的构成将更加完善的。因此，城市群空间结构演变的动态分析框架从城市群的空间等级规模结构的演变展开。

作为区域发展一体化的载体之一——城市群内部城市层级结构需要具有共同和分层的劳动力市场、企业间具有紧密的竞争与协作关系。一般来说，具有完整辐射功能的城市群等级结构应该有四个层次：特大城市、大城市、中等城市和众多小城市与城镇。随着区域经济的发展，区域中心城市的经济实力显著增强，原中心城市由于无法满足经济社会的发展需求，人口、产业、资本等将向具有经济潜力的次一级中心城市转移，使上一级中心城市和下一级中心城市之间功能互补、层次分明。城市中心和城市功能得以发生转换。在城镇体系中，通常探讨的等级规模的演变依托于人口的变化，以人口规模的等级体系作为城镇体系的重要支撑。然而，无论是从产业结构的变化或者企业、技术的支撑，人口是不可或缺的一部分，仅考察人口的等级规模是不全面的，考察人口的等级规模与经济的等级规模的演变中，还应重点考察人口与经济等级规模的相关性。二者是否是在同一发展阶段上。空间等级规模结构中，每个层级都有其独特的功能。超大城市的出现通常是区域内因地理区位优势而获得了政府的政策偏好，公共基础设施是区域内率先建设完善的。由此，空间等级规模结构的功能是一个层级体系。在这一结构中，缺失了任何一部分，都将使城市群的发展发生扭曲，而导致集聚效应和扩散效应发挥失调。

二 空间职能规模结构的演变机制

城市职能是一个城市在国家或区域经济和社会发展中所发挥作用和承担的分工，城市群的职能结构是城镇体系中较为重要的结构体系之一。城市职能通常体现在各行各业上，从城市职能来看城市群的空间结构，比从产业结构角度出发更为合适。原因是城市职能将城市中的产业划分更为细致，既凸显了产业分工的重点，又表现了城市的本地专业化经济的特点。

在城市群内部，各城市处于不同的发展阶段，其功能性各不相同。在空间等级规模结构的分析中，强调城市群内部每个城市应处于其相应的等级位置，发挥其相应的功能。这也意味着，不同等级的城市应发挥其相对应的职能结构。不同职能的城市排列组合关系，便形成了城市群的空间结构，通过城市群内部的交通通信构成动态联结的整体。城市群内部各城市职能的转换，主要是指某一主导功能发生了变化。一般来说，城市的职能，由其初始要素禀赋所决定。某一区位独特的禀赋资源会吸引某一类型的经济活动选址于此，形成有效的集聚，进而形成相应的主导职能。主导职能一旦确定，就具有相对稳定性。这种稳定性一旦打破，就会直接导致城市群的空间结构的变化。

最初提出城市职能仅指城市工业职能，一个完整的城市工业职能概念一般包括三个要素，专业化工业部门、职能强度和职能规模（周一星，1988）。目前许多城市群的核心城市均呈现出较为发达的服务业，城市职能的概念可以拓展至城市服务业职能。因此，对于专业化部门来说，一个城市可以拥有一个或多个部门；对职能强度来说，如果城市的某个部门专业化程度很高，则该部门的产品输出比重比较高，职能强度也会很高。对于职能规模来说，有些中小城市的专业化部门很高，但其能够提供的产品或服务的绝对规模却不一定大。在职能强度很高的专业化城市，职能规模通常无法突出出来，但在专业化程度不高的城市中，职能规模通常可以用于衡量其职能差异。

三 空间经济联系演变机制

基于空间等级规模结构与空间职能规模结构，一个城市既会发挥对低等级城市的吸引和辐射，同时也会受到高等级城市的吸引和辐射。这两种引力构成了一个城市的对外联系，区域内多个城市的相互联系勾勒出城市群的经济空间边界。城市群内部各城市间的空间联系通过人流、物流、资金流和信息流等得以实现，通过交通、技术的联系不断变化。一个城市的联系方向通常遵循最小成本原则，并沿着其对外联系的方向不断延伸，当几个方向的引力不均衡，城市则会偏重于主要对外联系的方向发展。引力合力的比较可以佐证空间等级规模结构中的核心城市的位置。通常来说，对低等级城市吸引和辐射较为稳定的城市可以取得城市群的中心区位，若该城市具备交通通达的优势，则在等级规模结构中处于较为稳定的位置。

在具备较为完善的城市等级结构体系和较为合理的城市职能结构的城市群中，城市之间的联系表现为联系强度的不同和联系强度的等级性。从地域分工视角出发，城市间的经济联系来自劳动力的共享、技术空间外溢下的共享以及专业化经济。然而，城市间的经济联系是否受到技术外溢、交通运输的可达性等区位因素的影响。经济空间联系的改变也将直接引起城市群空间结构的变化。具备高能级的核心增长极，对周边城市的影响，受到受辐射地区的区位特点以及相应的联系通道的影响，这必然导致核心增长极对周边影响的空间差异，也直接导致空间上的非均衡发展。

第三节　城市群空间结构演变的影响机制分析

城市群空间结构演变的影响机制包括区位因素、规模递增与外部性、集聚—扩散机制以及制度因素。

一　区位因素

区位因素是城市群空间结构影响机制中最关键的因素之一，区位理论在城市群空间结构中具有重要的指导意义。区位是一个地区的先天条件，通常包括自然禀赋、气候环境、地理条件以及文化等。这些条件是否适宜将成为微观主体主动选择区位的重要考量，也是城市之间产生最初差异的主要原因。地理区位的差异将直接影响企业的生产选址以及劳动力的流动，进一步扩大城市间的经济差距，引致城市间的等级规模的分化。

在以上的分析中可以发现，城市群的等级规模体系一旦形成，便会很稳定地持续下去，这主要是由于等级规模体系中各城市的区位优势决定的，核心城市通常拥有区域内最优异的气候环境和地理位置，并借助集聚—扩散机制和累计循环机制不断强化其区位优势。

二 规模递增与外部性

规模递增是城市群经济活动空间分布和演进的重要动力机制。新古典经济学和空间经济学都认为，经济活动的空间集中源于规模报酬递增。任何一个完整的空间模型都必须首先阐释报酬递增的来源和性质，进而厘清报酬递增与经济活动空间聚散的关系。规模报酬递增主要通过两种路径影响空间结构演化：报酬递增与分工演进；报酬递增与产业集散。

根据新经济地理理论，随着区域内发达地区的城市发展和产业集聚，在生产要素有限流动的情况下，区域的人口增加和收入上升造成生产成本上升，当区域内生产成本上升超过交易费用时，部分产业开始向区域内落后地区迁移，进而推动整个区域内城市群的发展和相应的经济组团的产业分工与结构优化升级。外在的差异性有利于区域内不同城市的异质性合作、产业集聚以及要素流动，从而推动区域经济协调发展。在城市群空间结构演变的进程中，特定地区先天的资源禀赋优势吸引了众多的企业，厂商选址的决定会带动更多厂商的进入。集聚的结果是分工和专业化难度的提高，以及与之建立的配套基础设施。企业成本减少同时也带来了规模报酬递增。规模报酬通过地域劳动分工和本地专业化以及集聚和扩散影响着城市群空间结构的演变。对于集聚效应的追求构成了城市群空间结构演化的内在动力。

外部性通常指马歇尔所讲的外部经济。他将外部经济分为三种情况：中间投入品共享、劳动力共享和知识溢出。若从存在空间成本的角度出发，会发现空间外部性是最基础的外部性。经济空间分布的连续和离散为空间外部性提供了存在基础。中间投入品共享会带来规模报酬递增，有利于生产的专业化和规模化；劳动力的共享既可以带来劳动分工收益，还会分担劳动力市场的风险收益。知识溢出产生于学习机制，专业化需要具有共同知识背景的企业和劳动力集聚在特定城市中。因此，知识溢出是具有地域性的，并随着空间距离的增加而衰减，这也引致知识空间溢出一般按地理距离延伸。在城市群的外部经济中，不仅包括马歇尔所提到的三种情况，还要涵盖不可分割产品的共享。不可分割的地方性公共产品通常具有排他性和拥挤性。当依据空间分割土地时，则将经济空间进行了划分，空间外部性将引致技术外部性、公共服务外部性等。空间外部性随着不同经济空间相互影响而发生变化。

三 集聚—扩散机制

集聚—扩散机制成为规模报酬递增与空间外部性的具体表现形式，是推动城市群空间结构演化的内在动力机制。通常来说，在非均质空间下，某一区位的天然优势吸引人们向其聚集，随着这种聚集的产生，某些区位优势而较早实现快速经济增长的地区，吸引周围区域的生产要素和产业集聚，聚集效应进一步变大，形成更强的经济增长空间，吸引其他区位的可流动要素向这一区域进一步集聚。此时扩散效应的作用效果较小。随着这种集聚带来本地区较高收益的同时，也会产生较高的集聚成本，特别是土地、基础设施、公共服务等不可流动要素随着聚集的深化变得稀缺和拥挤，产生较强的外部负效应，加之资本转移以及知识技术扩散产生正外部效应，造成了向其他区位进一步分散的张力，此时扩散效应扩大并超过聚集效应。要素的流动、资本积累的递减、技术扩散的空间有界性的交互作用下，聚集效应和扩散效应此增彼减。

聚集效应和扩散效应是城市群发展过程中两种相反的空间结构调整机制。一般说来，城市群的产生均源于拥有某种区位优势（制度偏好、地理区位优势）的城市，这一中心城市利用这一优势不断聚集，并因专业化和分工进一步加强。中心城市与周边城市的发展差距也将由此不断加大。由于各类要素聚集和相互作用形成的经济空间具有向外辐射的功能，中心城市的相应优势通过产品和其他途径开始向其他城市扩散,这种扩散和辐射通常遵循等级扩散的特点。这些接收扩散的城市通常也具有相应的要素禀赋优势。受扩散的城市通过接收中心城市的"影响",不断增强其优势。随着中心城市的不断发展,其拥挤成本将不断提高,当拥挤成本逐步迫近甚至超过集聚收益时,扩散效应将逐步占据主导地位,中心城市的产业、人口及其他生产要素逐步向周边城市流动,并同时可能通过相应的积累形成新的区位优势,聚集更高形态的要素。此时,该城市群内不同等级城市之间的发展差距逐步缩小,区域发展的协调性也将逐步提升。

四 制度因素

制度对城市群空间结构的形成与发展具有重要的作用。制度因素对城市群空间结构的形成表现为两方面,一方面表现为城市群的核心城市首位城市的数量(单中心或多中心)与制度和地方政策不可分割。一般来说,单中心城市群的形成依赖于地区中的超级城市,这一超级城市通常是地区的行政中心——直辖市、省会城市或副省级城市。以东京为中心的日本太平洋沿岸城市群,以伦敦为中心的英国伦敦城市群,以上海为中心的长三角城市群,以深圳特区确立形成了珠三角城市群。另一方面城市群的职能与制度和地方政策不可分割。京津冀城市群中北京的首都功能,大量的省内城市群的核心城市都是以省会城市为核心。这也说明了行政中心对于资源禀赋具有集聚效应,大量的政策信息会从这些地区释放出来。

制度的变迁一般都会带来区域空间结构的演变。制度的变迁按照行为主体和方式不同分为强制性和诱致性制度变迁(林毅夫,1994)。强制性制度变迁通常以较为直接的"自上而下"的方式影响城市群空间结构的变化,如国家战略的实施、行政区划的调整等。目前,我国城市群已形成的三大城市群(京津冀城市群、长三角城市群、珠三角城市群)和国务院已批复的8个城市群均为跨省域城市群。诱致性制度变迁大多以"自下而上"的方式引致城市群空间结构的变化。城市群内部的区域要素以运动的方式带来城市群空间结构新的变化。我国城市群的推动包括自上而下和自下而上的两方力量共同推进。

地方政府推动的区域开发政策也会导致城市群空间结构的变形。例如，省会城市与副省级城市之间空间距离较近，其职能结构区分不明显，导致一个城市群中存在两个或两个以上中心城市。例如德国的莱茵—鲁尔城市群，以广州—深圳为双核的珠三角城市群、以北京—天津为双核的京津冀城市群，我国中央政府和地方政府规划的许多城市群均面临这样的问题。除此之外，城市群内部地方政府间为政绩考核而表现为地方保护，地区间无序竞争和缺乏协调将为城市群内部带来巨大交易成本，这将直接表现为城市群空间结构的变形。

第四节 本章小结

本章从对城镇体系的演变机理出发，在城市扩张中发掘了单中心、多中心以及单（多）中心—多层级结构，并对城市层级体系与城市间经济联系进行了理论分析。作为城镇体系发展的高级形式，城市群空间结构的形成与发展从城市的扩张开始。伴随着工业化和城镇化，区域中城市的不断扩张表现为人口规模的增加、土地的扩张和经济的高速增长。若干城市以不同的扩张速度在经济空间中形成核心地区与外围地区。与此同时，不同城市的扩张过程中，互相之间通过降低交易成本发展专业化经济，依次产生了城市间的经济的沟通，形成了经济上密切的分工与合作，这便形成了不同层级体系的城市系统。基于此构建城市群要素—职能—关系三个层面的空间结构演变动态分析框架，并对城市群空间结构演变的影响机制——规模效应、集聚扩散机制、区位因素及制度因素进行了深入分析。

第四章 我国三大城市群的区域范围与发展状况

本章研究包括两部分内容：三大城市群区域范围的界定和经济发展状况。首先，依据各城市群自1995年以来的发展概况和学术界与政府文件对其范围的界定过程，总结规范城市群的区域范围，阐述三大城市群的空间边界的演变过程，便于接下来在一定的地域范围内进行研究工作。其次，从经济增长和地区差距、城镇化水平、产业结构、对外贸易、财政支出五个方面分析1995—2015年三大城市群的发展状况，为后续研究内容提供良好的工作基础。

第一节 三大城市群发展的区域范围

一 珠江三角洲城市群发展的区域范围

20世纪90年代，广东省政府提出建设珠江三角洲经济区。这是"珠江三角洲"的概念第一次被提出。2003年，广东省政府联合广西等八省（自治区）政府和港澳地区，提出了泛珠江三角洲的区域合作。2008年，国务院发布了《珠江三角洲地区改革发展规划纲要（2008—2020）》，将珠江三角洲城市群提升到国家战略高度。2010年，《全国主体功能区规划》中推进珠江三角洲地区的优化开发，形成特大城市群。规划提出以珠江三角洲地区主要包括广东省中部和南部部分地区，具体包括以广州、深圳、珠海为核心，佛山、肇庆、东莞、惠州、中山、江门等为节点城市。2016 年,"十三五"规划提出将建设珠江三角洲世界级城市群。

综上可见,珠三角城市群的空间范围未经历过多调整。经济区位决定了珠三角城市群在全国和国际上的经济战略地位。由此,本书以市域研究层面进行研究,包括直辖市、副省级城市、地级市、县级市 4 个级别。以广州、深圳、珠海、佛山、肇庆、东莞、惠州、中山、江门、鹤山市、开平市、恩平市、台山市、四会市 14 个城市为珠江三角洲城市群研究区域,其中,广州、深圳在行政区划上隶属副省级城市。

二 长江三角洲城市群的区域范围

1982 年,国务院提出建立上海经济区,主要包括上海、苏州、无锡、常州、南通、杭州、嘉兴、湖州、宁波、绍兴 10 个城市。这是长江三角洲(以下简称"长三角")第一次作为一个经济区域的概念被提出。1986 年,"上海经济区"进一步扩大,以直辖市、省为单位,主要包括上海、江苏、浙江、安徽、福建、江西。1992 年,长三角城市协调办主任联席会将长三角的区域空间范围确定为上海、宁波、苏州、杭州、无锡、常州、南通、嘉兴、湖州、绍兴、南京、镇江、扬州、舟山 14 个(地)市。1996 年扬州地区被划分为扬州和泰州后,扩大成为 15 个市。1997 年,成立了长江三角洲城市经济协调会,提出了"长三角经济圈"概念。2003 年,台州市(浙江省)成为长三角地区的第 16 个市。至此,长三角经济区域基本形成。

2005 年,国家发展和改革委员会编制《长江三角洲区域规划纲要》,明确长江三角洲区域为 16 个城市。2010 年,国务院发布的《全国主体功能区规划》指出,推进长江三角洲地区的优化开发,形成特大城市群,并明确指出了各城市功能定位:以上海为核心,南京、杭州为两翼中心城市,宁波、苏州、无锡为综合服务和辐射带动区域。同年,国务院批准《长江三角洲地区区域规划(2009—2020)》。这一规划再次将长三角区域界定为上海市、江苏省、浙江省，区域面积为 21.07 万平方公里，并将传统的 16 市明确为"长江三角洲地区核心区"。长三角经济协调委员会第十次会议（2010）将长三角范围进一步扩容至 22 个市，以传统的 16 市和合肥、盐城、马鞍山、金华、淮安、衢州共同构成。2013 年，长三角城市群再次扩容至 30 个城市。2016 年，国家发展改革委和住房城乡建设部联合发布了《长江三角洲城市群发展规划（2016—2020）》。规划中以上海、江苏 9 市、浙江 8 市和安徽 8 市共 26 个城市为规划区域，国土面积 21.17 万平方公里[①]。

综上可见，长三角城市群的区域范围基本以国家层面的规划和地方层面的会议协调方式共同推进形成的。国家层面的规划从 2005 年的 16 市扩容至 2016 年的 26 市；地方层面会议协调以 2003 年的 16 市扩容至 2010 年的 22 市，2013 年再次扩容至 30 市。至此，长三角城市群市域层面包括上海（直辖市）、南京、杭州、宁波（副省级城市）以及 22 个地级市、40 个县级市共计 66 个研究单元。本书依据《长江三角洲城市群发展规划（2016—2020）》，结合长三角城市群研究背景以及数据的可获得性，将长三角城市群的研究区域确定为上海、江苏 9 市、浙江 8 市和安徽省 8 市[②]。数据来自 1995—2015 年长三角城市群各省市统计年鉴的行政区划数据，如表 4-1 所示。

---

① 江苏 9 市包括南京、无锡、常州、苏州、南通、盐城、扬州、镇江、泰州；浙江 8 市包括杭州、宁波、嘉兴、湖州、绍兴、金华、舟山、台州；安徽 8 市包括合肥、芜湖、马鞍山、铜陵、安庆、滁州、池州、宣城为规划区域，国土面积 21.17 万平方公里。

② 1949 年池州专区成立，经历撤销复设等过程后，2000 年以贵池区为核心的池州市成立。1965 年，成立芜湖专区，统领芜湖市、宣城县等地。1973 年，芜湖市与宣城及其他 7 县分离，芜湖市改为省直辖；宣城县与其他 7 县改名为宣城地区。2000 年，国务院批准撤销县级市宣城，设立地级市。2011 年 8 月 22 日，安徽省政府宣布撤销地级巢湖市。撤销原地级巢湖市居巢区，设立县级巢湖市。由安徽省直辖，合肥市代管。因此，笔者将巢湖相关数据并入合肥市。

表 4-1　　　　　　　　　长三角城市群市域单元

直辖市、省	直辖市、副省级城市、地级市	县级市
上海市	上海	—
江苏省	南京	—
	无锡	江阴市、宜兴市
	常州	溧阳市
	苏州	常熟市、张家港市、太仓市、昆山市
	南通	如皋市、海门市、启东市
	盐城	东台市
	扬州	高邮市、仪征市、镇江市
	镇江	扬中市、句容市、丹阳市
	泰州	泰兴市、靖江市、兴化市
浙江省	杭州	临安市、建德市
	宁波	余姚市、慈溪市、奉化市
	嘉兴	平湖市、海宁市、桐乡市
	湖州	—
	绍兴	诸暨市、嵊州市
	金华	兰溪市、义乌市、东阳市、永康市
	舟山	—
	台州	临海市、温岭市
安徽省	合肥	巢湖市
	芜湖	—
	马鞍山	—
	铜陵	—
	安庆	桐城市
	滁州	天长市、明光市
	池州	—
	宣城	宁国市

资料来源：依据 2015 年各市行政区划数据整理。

三　京津冀城市群的区域范围

在京津冀的发展历程中，产生了如"京津冀地区""首都圈"

"环京经济协作区""首都经济圈""大北京地区""京津唐城市群""京津冀都市圈""京津冀城市群"等多种提法。1982年，北京市在城市规划中首次提出"首都圈"概念①。1986年，环渤海地区成立环渤海地区经济联合市长联席会，1988年北京与河北的保定、廊坊、唐山、秦皇岛、张家口、承德6市组建"环京经济协作区"。1992年，河北省委提出"环京津、环渤海"开放带动战略。1995年，提出了"首都经济"概念。1996年，《北京市经济发展战略研究报告》提出了"首都经济圈"的概念②。2001年，吴良镛在《面向新世纪建设"大北京"》中提出大北京地区③。2004年，国家发展和改革委员会召开京津冀区域经济发展战略研讨会，达成了"廊坊共识"。在此基础上，国家发展和改革委员会提出了"京津冀都市圈"的概念，主要包括北京、天津2个直辖市和河北省的石家庄、秦皇岛、唐山、廊坊、保定、沧州、张家口、承德8地市，即"2+8"。杨开忠、李国平等学者对"京津冀地区（或区域）"进行了研究，其范围包括北京、天津和河北省行政区划内全部市县，包括北京、天津2个直辖市下辖的各区县（北京16区2县、天津16区3县）和河北省的唐山、保定、廊坊、秦皇岛、张家口、承德、沧州、石家庄、邯郸、邢台、衡水11个地级市及其下辖各县市。2004年6月，京、津、冀、鲁、辽、晋、内蒙古等省、市、自治区正式建立环渤海合作机制，以推动环渤海区域内经济社会资源的整合。2006年国家发改委提出"京津冀都市（2+7）"。2010年，《全国主体功能区规划》提出推进环渤海地区的优化开发，形成特大城市群。国家"十三五"规划提出，推动京津冀协同发展，主要区域包括北京、天津和河北省。

---

① "首都圈"概念包括北京、天津以及河北的唐山、廊坊、秦皇岛构成的内圈，承德、张家口、保定和沧州构成的外圈。

② 首都经济圈的概念包括以京津为核心，以唐山、秦皇岛、承德、张家口、保定、廊坊、沧州为外围。

③ 主要是由北京、天津、唐山、保定、廊坊等城市所统辖的京津唐和京津保两个三角形地区。

本书依据历年规划,结合京津冀城市群研究背景以及数据的可获得性,将京津冀城市群的研究区域确定为北京、天津和河北11市。数据来自1996—2016年京津冀的统计年鉴,并依据2015年年底行政区划数据,将京津冀城市群的两市一省划分为33个市域单元,如表4-2所示。

表4-2　　　　　　　　京津冀城市群市域单元

直辖市、省	直辖市、地级市	县级市
北京市	北京市	—
天津市	天津市	—
河北省	石家庄	晋州市、新乐市、辛集市
	唐山	遵化市、迁安市
	承德	—
	张家口	—
	秦皇岛	—
	廊坊	霸州市、三河市
	保定	涿州市、定州市、安国市、高碑店市
	沧州	泊头市、任丘市、黄骅市、河间市
	衡水	冀州市、深州市
	邯郸	南宫市、沙河市
	邢台	武安市

资料来源:依据2015年各市行政区划数据整理。

第二节　三大城市群的经济发展演变分析

2015年,三大城市群以占全国陆地面积约6.4%、3.2亿常住人口,实现了地区生产总值26.72万亿元,约占全国GDP的39%。其中,截至2015年年底,珠江三角洲城市群占地18.1万平方公里,约占全国陆地面积的 1.89%；地区生产总值 6.23 万亿元，约占全国 GDP 总值的 9.2%；2015 年常住人口 5874.27 万人，约占全省人口总数的 54.15%，全国常住人口数量的 4.27%。长江三角洲城市群国土面积 21.17 万平方公里，2015 年地区生产总值 13.55 万亿元，总人口 1.5 亿人，分别约占全国的 2.2%、19.7%、10.9%。京津冀城市群陆地面积 21.6 万平方公里，2015 年地区生产总值 6.94 万亿元，年末常住人口 1.11 亿，分别占全国总数的 2.3%、10.1%、8.1%。接下来，笔者将从经济增长与地区差距、城镇化水平、产业结构、对外贸易、财政收支五个方面概述 1995—2015 年三大城市群的经济发展各方面的演变状况。

一 经济增长与地区差距

一般来说，从静态或比较静态的角度，经济发展水平用经济增长的系列指标来衡量，这是静态或比较静态的。然而，地区差距通常可以从动态角度考察各地区经济增长速度的差异，以此评估城市群内部各城市的经济发展水平，对比各城市群的经济发展水平。衡量经济增长的系列指标主要包括地区生产总值、经济增速和人均地区生产总值。地区生产总值是衡量一个地区经济发展水平的绝对指标；经济增长速度可表达一个地区的经济持续发展的动力，人均地区生产总值可以衡量一个地区人民生活水平。地区差距通常是地区差异的数量表现，地区差异一般指一个区域与另一个区域在自然、经济、社会、文化以及体制环境等方面的差别与不同①。地区差距是各国经济和社会发展中客观存在的必然现象。有较多的指标可进行衡量，例如，衡量单个变量的极值差异——极值差幅（极差）、相对差距系数等；衡量样本观察值离散趋势——离差、方差、基尼系数、广义熵、泰尔指数、变异系数等。笔者使用极差②、

---

① 在经济学领域中，地区差距通常是地区经济差距的简化表达。
② 极差＝某经济指标最大值与最小值的差额，反映地区间绝对差异变动的最大幅度，即某经济指标的最大值（x_{max}）与最小值（x_{min}）之间的差额。

基尼系数①、变异系数②三个指标予以衡量。极差衡量城市群内部人均收入最高和最低之间的差距，这一结果可以较为直观地表达城市群内部的绝对差距。基尼系数和变异系数都是衡量样本的离散趋势，但两指标在测算地区差距时考察样本的侧重不同。变异系数的测算结果更突出收入分布的两端，而基尼系数反映收入总体状况。

（一）珠三角城市群

改革开放以来，作为对外开放的门户，珠三角地区与港澳经济来往逐渐频繁，深圳特区的成立（1979年），对港澳地区产业的承接，借助港澳地区的交通和对外贸易的便利，广州、深圳、珠海、佛山等城市产业发展形势向好，推动了珠江三角洲地区经济增长。如表4-3所示，1995年，珠三角地区生产总值实现4014.11亿元，约占全国GDP的6.57%；6个城市实现20%以上的经济增速。其中，广州以16.4%的经济增速实现1259.2亿元的产值，为珠三角地区产值的近1/3（31.37%），是城市群的经济中心。2000年以后，加入WTO和持续对外开放的经济政策推动了珠三角城市群经济继续增长。一段时期内经济的快速增长实现了珠江三角洲经济体量的扩大，经济增速在1995—2005年出现小幅度的放缓，但仍保持两位数以上的增长。佛山、东莞和中山等邻近广州的城市以接近20%的增速排名城市群内前三。随着国际金融危机影响的扩散，全球经济持续下行，依赖对外贸易的经济增长方式使珠三角城市群受

---

① 基尼系数是在洛伦兹曲线基础上发展起来的，即洛伦兹虚线与对角线之间的面积与对角线以下的三角形面积之比。目前学术界常用的可估算的基尼系数测算方法为：$C_k = \frac{2}{n}\sum_{i=1}^{n}ix_i - \frac{n+1}{n}$，$x_i = y_i / \sum_{i=1}^{n} y_i$ $(x_1 < x_2 < \cdots < x_n)$。其中，$x_i$是按照各地区收入占总收入的份额从低到高排列；$y_i$是各地区收入，$n$为地区数量。基尼系数的区间范围为$[0, 1]$，越接近1，表示经济指标在地区内分布越不平衡。

② 变异系数又称平均变异系数，是标准差与均值之比，具体测算方法为：$CV = \frac{\sigma}{\bar{x}} = \frac{1}{\bar{x}}\sqrt{\sum_{i=1}^{n}\frac{(x_i - \bar{x})^2}{n}}$。$CV$越大，表示经济指标的分布越不均衡。

到较大影响。2015年，珠三角地区生产总值实现63381.85亿元，约占全国GDP的9.20%，所有城市实现8%以上的经济增速。其中，广州以8.4%的经济增速实现18313.80亿元的产值，为珠三角地区产值的28.89%；深圳以8.9%的增速实现18014.07亿元的地区产值，为珠三角地区产值的28.42%，在经济水平上与广州基本处于同一地位。两城市地区生产总值之和占城市群的一半以上，已完全形成典型的双核心城市群发展模式。

从人均地区生产总值来看，1995年珠三角城市群中实现万元收入的城市有5个，是三大城市群中万元收入城市最多的地区。2015年10万元收入的城市数量为4个，广州、深圳和珠海已实现15万元收入以上。人均地区生产总值排名前四位的城市未发生变化。其中，深圳的人均地区生产总值在城市群内最高。中山、东莞经济实现较快发展，人均收入排名从1995年的第六、八名升至2015年的第五、六名。受限于地理位置，肇庆在珠三角的人均地区生产总值排名一直位列最后一名。

从地区差距来看，1995年，深圳人均地区生产总值在城市群内最高，达到24411元；肇庆人均地区生产总值在城市群内最低，为7449元，极差为16962元。2005年，两城市极差为47977元，这一数值在2015年已扩大至105294元，城市群内部人均收入的绝对差距较大。通过测算基尼系数与变异系数，珠三角城市群是三大城市群中城市间经济差距和人均收入差距最小的区域。1995—2015年，城市群内部地区差距的变化趋势呈倒"U"形，与威廉姆斯的倒"U"形曲线一致[①]。2003年是珠三角城市群地区差距变化的极值点，此时变异系数为0.461，基尼系数为0.222；2003年以后，各城市之间的人均收入差距呈缩小趋势，2015年，变异系数降至

---

① 威廉姆斯（Williamson，1965）在其《区域不平等与国家发展过程》中提出著名假说：国内地区差异的长期变动趋势大致呈倒"U"形。即在经济发展初期，随着人均收入水平的提高，区际差异将逐渐扩大，然后区际差异将保持稳定，当经济发展进入成熟增长阶段后，区际差异将区域缩小。

0.398，基尼系数降为 0.192。

表 4-3 1995—2015 年珠三角城市群经济增速与人均地区生产总值

(单位:%；元)

指标 年份 城市	经济增速			人均地区生产总值		
	1995	2005	2015	1995	2005	2015
广州	16.4	12.9	8.4	17424	54273	134066
深圳	23.0	15.1	8.9	24411	59812	153821
珠海	16.3	13.1	10.0	17328	44886	123947
佛山	22.0	19.4	8.5	16405	41884	107716
江门	20.5	12.6	8.4	10654	19540	49564
惠州	25.4	15.9	9.0	9174	21687	66029
肇庆	23.9	15.7	8.2	7449	11835	48527
东莞	25.3	19.5	8.0	7715	33277	76024
中山	15.6	20.9	8.4	9706	36380	93782

资料来源：根据历年《广东统计年鉴》整理、计算。

(二) 长三角城市群

1995 年，长三角地区生产总值实现 10826.11 亿元，约占全国 GDP 的 17.65%，是三个城市群中产值最大的地区；24 个城市实现两位数以上的经济增速。其中，上海浦东等地区的开放促使上海经济持续增长，以 14.3% 的经济增速实现 2518.08 亿元的产值，为长三角城市群地区产值的 23.26%，是城市群内的经济中心。长三角城市群是沿海城市群，与珠三角的经济发展阶段比较一致，高速的经济增长速度逐步减缓。1995—2005 年，对外开放的政策下实现了经济快速增长。1995 年，除池州外，长三角城市群内的经济增速均保持在两位数增长。其中，盐城、南通、扬州、宁波、金华、台州等沿海城市的经济增速均在 20% 以上。2005 年，各地区经济增速有所下降。其中，江苏省内的城市经济增速保持在 15% 以上的增速；浙江省内的城市经济发展格局出现了变化，以杭州为核心的湖州、绍兴、金华等城市的经济增速排名均得到了提升。舟山市以 18% 的经济增速位列城市群内经济增长最快的城市。这一时期,安徽省内依旧以省会城市——合肥市为核心,周边的芜湖、马鞍山和铜陵实现了较快的两位数增速。2005—2015 年,受到经济危机的影响,城市群内各城市经济增速均呈下降趋势。2015 年,长三角地区生产总值实现 135758.66 亿元,约占全国 GDP 的 19.71%,这一指标较 1995 年增加了两个百分点,表明长三角城市群的经济水平在全国的地位在不断攀升;20 个城市的经济增速已降为个位数。其中,上海市以 6.9%的经济增速实现 25123.5 亿元的产值,占长三角城市群地区产值已降至 18.51%,与此同时,苏州以 14504.07 亿元占城市群产值超过 10%,南京、杭州等城市均在城市群内占超过 7%以上的产值。上海依然是长三角城市群的经济中心,但其地位已有所下降,次一级城市苏州、南京和杭州的经济水平已逐步接近上海。

从人均地区生产总值来看,1995 年,实现万元收入的城市数量为 5 个,人均地区生产总值排名前四的城市为上海、无锡、苏州、杭州;2005 年,前四城市为苏州、无锡、上海、杭州;2015 年,实现十万元收入的城市数量有 8 个;排名前四城市为苏州、无锡、南京、常州。可以看到,1995—2015 年,人均地区生产总值排名的前四名变化较大。苏州、无锡和杭州的人均收入水平逐渐超过上海,南京的人均收入水平也提升至前四位;人均收入水平排名的变化体现了城市消费能力和生产能力的更替。排名后四位的城市均为安徽省的安庆市、滁州市、池州市和宣城市,后四位的城市排名未发生明显的变化,如表 4-4 所示。

从地区差距来看,1995 年,上海市人均地区生产总值在城市群内最高,达到 17676 元;池州市人均地区生产总值在城市群内最低,为 3013 元,极差为 14663 元。2005 年,城市群内人均 GDP 极差为 47139 元,这一数值在 2015 年已扩大至 105718 元。从极差来看,地区收入的绝对差距呈扩大趋势。从变异系数与基尼系数来看,长三角城市群的指标变化呈现出不同的趋势。1995—2015 年,变异系数呈现倒"U"形变化趋势,基尼系数却表现为向右上方倾斜的指数变化趋势。

趋势的差异主要是两指标在测算地区差距时考察样本的侧重不同。变异系数的测算结果更突出收入分布的两端，而基尼系数反映收入总体状况。其中，变异系数于2003年达到最大——0.513。

表4-4　1995—2015年长三角城市群经济增速与人均地区生产总值

（单位：%；元）

指标 年份 城市	经济增速			人均地区生产总值		
	1995	2005	2015	1995	2005	2015
上海	14.3	11.4	6.9	17676	48923	104019
南京	12.4	15.1	9.3	8519	35546	118029
无锡	15.4	15.1	7.1	13579	50158	130829
常州	13.6	15.1	9.2	8996	31675	112161
苏州	14.8	15.3	7.5	11995	54594	136625
南通	22.5	15.4	9.6	6358	20270	84225
盐城	21.6	14.3	10.5	4156	13729	58276
扬州	11.6	15.1	10.3	6632	21778	89590
镇江	19.6	15.0	9.6	9663	29794	110262
泰州	—	15.0	10.2	5535	18370	79453
杭州	19.1	13.0	10.2	11990	39215	111446
宁波	20.5	12.3	8.0	10904	37312	102283
嘉兴	18.3	13.2	7.0	9227	28988	76724
湖州	10.0	14.4	8.3	8502	23525	70653
绍兴	19.4	13.7	7.1	9750	33025	89895
金华	23.0	12.7	7.8	7355	21953	62382
舟山	14.3	18.0	9.2	7522	27537	94865
台州	24.5	13.9	6.5	7594	21973	58751
合肥	20.4	16.4	10.5	4422	20665	72661
芜湖	23.9	13.3	10.3	4939	22065	67241
马鞍山	12.3	11.9	9.2	7101	32682	60353
铜陵	15.7	14.0	9.4	6844	24744	57254
安庆	13.3	8.2	7.4	3086	7430	30907
滁州	15.9	5.5	9.9	3815	7721	32504
池州	8.7	13.3	8.5	3013	8403	37927
宣城	31.9	8.6	8.2	4563	9401	37479

资料来源：根据历年《上海市统计年鉴》《江苏省统计年鉴》《浙江省统计年鉴》《安徽省统计年鉴》及各地市统计年鉴测算。

(三) 京津冀城市群

1995年，京津冀地区生产总值实现5379.91亿元，约占全国GDP的8.77%；除承德市外，其他各城市经济增速保持两位数增长，石家庄、唐山、邯郸、邢台、保定、沧州、廊坊和衡水市经济增速超过15%。北京以12.0%的经济增速实现1516.2亿元的地区产值，占京津冀城市群地区产值的28.18%，是京津冀城市群的经济中心，同期的天津地区产值为931.97亿元，占城市群地区产值的17.32%，2015年，京津冀城市群生产总值实现68495.46亿元，约占全国GDP的9.94%，这一指标较1995年仅增加一个百分点；城市群内各城市均降为个位数增速，部分城市的增速已降至6%以下。其中，北京以6.8%的经济增速实现23014.6亿元的产值，占京津冀城市群地区产值的33.60%；天津地区产值为16538.2亿元，占城市群地区产值的24.14%。两城市在京津冀城市群中地区产值中达到一半以上，但天津的核心城市地位不明显，与北京相比，经济水平的差距并未有明显的缩小趋势。

从人均GDP看，1995年实现万元以上的城市只有北京市；2015年实现十万元以上收入的城市仅为北京和天津两市。从排名来看，1995年，排名前四的城市包括北京、天津、唐山和秦皇岛；2005年为北京市、天津市、唐山市和石家庄市。2015年是天津、北京、唐山和廊坊。1995年后四位是承德、邢台、邯郸和保定；2005年为保定、邢台、张家口和承德。2015年为邢台、衡水、张家口、保定，如表4-5所示。

从地区差距来看，1995年，北京市人均地区生产总值在城市群内最高，达到12051元；承德市人均地区生产总值在城市群内最低，为2833元，极差为9218元。2005年，城市群内部的人均地区生产总值极差为35617元，这一数值在2015年已扩大至82715元。而从变异系数与基尼系数来看，京津冀城市群的指标变化呈现出不同的趋势。1995—2015年，变异系数和基尼系数均呈现倒"U"形变化趋势。其中，变异系数于2003年达到最大——0.625，基尼系数与2003年达到最大——0.248，如图4-1和图4-2所示。

表 4-5 1995—2015 年京津冀城市群经济增速和人均地区生产总值

(单位:%；元)

指标 年份 城市	经济增速			人均地区生产总值		
	1995	2005	2015	1995	2005	2015
北京	12.0	11.8	6.8	12051	45315	106034
天津	14.9	14.7	9.3	9895	37446	106908
石家庄	18.0	13.7	7.5	6387	17386	54022
唐山	16.7	15.1	5.6	7343	27649	78232
秦皇岛	13.1	12.1	5.5	6625	15735	40689
邯郸	15.7	16.3	6.8	3651	12685	33345
邢台	17.8	13.0	6.0	3168	9868	24193
保定	18.7	13.4	7.1	3673	9698	31893
张家口	14.2	13.1	5.8	3674	10187	30837
承德	8.2	16.6	5.5	2833	10481	38490
沧州	17.9	17.0	7.7	3927	15431	44614
廊坊	16.8	13.1	8.8	5603	12903	54213
衡水	16.2	14.1	7.6	4028	14445	27506

资料来源：根据历年《北京市统计年鉴》《天津市统计年鉴》《河北统计年鉴》及各地市统计年鉴测算。

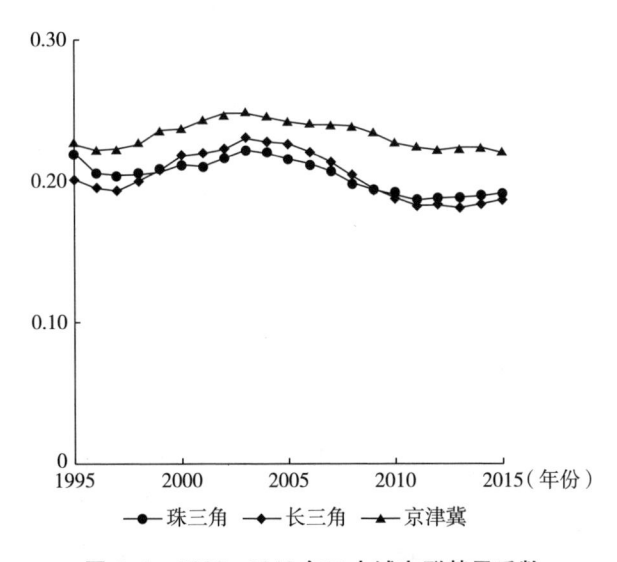

图 4-1 1995—2015 年三大城市群基尼系数

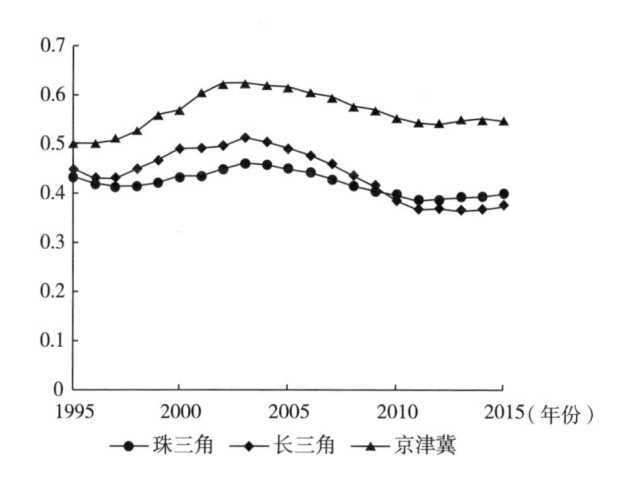

图 4-2 1995—2015 年三大城市群变异系数

综上所述，三大城市群的经济发展水平呈现以下特征（见表 4-6 和表 4-7）：

第一，1995—2015 年，三大城市群的经济水平均呈现了从高速增长逐步下降至缓慢增速的变化趋势。三大城市群中，珠三角城市群的平均经济增速在每个阶段均高于长三角城市群，继而高于京津冀城市群。长三角城市群所占地理面积较大，城市数量较多，地区产值约为其他两个城市群中产值之和。

第二，各城市群中经济中心演变历程存在明显的不同，1995—2015 年，珠三角城市群已从单核心演变成为较为突出的双核心城市发展模式；长三角城市群为单核心城市发展模式，同时伴随着次一级核心城市的快速发展；京津冀城市群的经济中心发展模式并不突出。

第三，三大城市群的经济差距均呈倒"U"形变化趋势。珠三角城市群中，广州、深圳、珠海、佛山的经济增速齐头并进，与周围城市的经济差距呈倒"U"形曲线。长三角城市群的经济增长格局经历了两个阶段：1995—2005 年，以上海为代表的沿海城市实现了快于内陆城市的增速；2005—2015 年，以省会城市——南京、杭州、合肥为代表的部分内陆城市实现了较快的增速;经济差距呈倒"U"形形状。京津冀城市群中,天津在城市群中的地位显著提升;沿海城市——唐山、秦皇岛、邯郸并未明显显现出与内陆城市之间的差距,经济差距的存在更大程度上是河北各城市与北京、天津之间的巨大差距。

表4-6　　　　　1995年三大城市群经济发展水平对比

指标 地区	地区生产总值	占GDP比重	经济中心	地区生产总值	占城市群的比重
珠三角	4014.11亿元	6.57%	广州	1259.2亿元	31.37%
长三角	10826.11亿元	17.65%	上海	2518.08亿元	23.26%
京津冀	5379.91亿元	8.77%	北京	1516.2亿元	28.18%

资料来源:根据1996年各省(直辖市)以及地市统计年鉴整理、计算。

表4-7　　　　　2015年三大城市群经济发展水平对比[①]

指标 地区	地区生产总值	占GDP比重	经济中心	地区生产总值	占城市群的比重
珠三角	63381.85亿元	9.20%	广州	18313.8亿元	28.89%
			深圳	18014.07亿元	28.42%
长三角	135758.66亿元	19.71%	上海	25123.5亿元	18.51%
京津冀	68495.46亿元	9.94%	北京	23014.6亿元	33.60%
			天津	16538.20亿元	24.14%

资料来源:根据2016年各省(直辖市)以及地市统计年鉴整理、计算。

二　城镇化水平

城镇化水平是城市群发展程度的重要标志,体现了城市用地的扩张与人口增长之间的关系。近年来,城市群的城镇化水平均高于

---

① 在前文分析中天津在京津冀城市群中经济中心地位不明显,但为更好比较,表4-7列出天津相关数据。

全国平均水平。这一方面可能受到城市群产业结构的影响,第二产业和第三产业在城市群中所占比重较高,表现为较高的城镇化水平;另一方面,较高的收入将吸引大量的劳动力从低收入部门向高收入部门流动,大量人口向城市群流动。一般来说,城镇化水平用城镇人口占总人口的比例来衡量。笔者在此基础上,利用地理信息系统软件将三大城市群的城镇化水平指标绘制在地图中,并将城镇化水平划分为小于50%、50%—75%以及75%—100%三组,以便在空间格局中观察城市群内部城镇化的演变路径。

(一)珠三角城市群

珠三角城市群面积较小,包含城市数量较少,人口规模在三大城市群中最小。1995年,珠三角城市群常住人口为2372.75万人,占全国常住人口数量的1.96%。其中,城镇人口达到1025.63万人,城镇化率仅为43.23%。作为经济中心,广州常住人口达到646.71万人,是珠三角城市群常住人口总数的27.25%,与同时期上海、北京相较,常住人口数量是最少的。21世纪以来,深圳市对外开放程度逐步高于广州市,经济的快速发展吸引了更多内陆城市的劳动力流入。2000年深圳市的常住人口突破700万人。2005年广州深圳两市的常住人口达到2308.16万人,是珠三角城市群常住人口总数的40.88%。2015年,珠三角城市群常住人口达到5874.28万人,占全国常住人口的比例升至4.27%。其中,城镇人口达到4969.1万人,城镇化率达到84.6%。近年来,广州、深圳的人口流入速度有所减缓,广州、深圳两市人口达到2487.98万人,是珠三角城市群常住人口的42.35%。

1995—2015年,珠三角城市群各城市的城镇化率普遍呈增长趋势,以广州、深圳和珠海三市向外扩散。1995年,仅广州、深圳和珠海的城镇化率超过50%。1995—2005年,城市群内各城市的城镇化率有较快增长。2005年深圳城镇化率已实现100%,佛山的城镇化率也达到75%以上。2005—2015年,各城市的城镇化均实现了较高水平。截至2015年年底,除肇庆城镇化率不足50%,惠州和江门仅为68%和65%,其他城市的城镇化率均呈80%以上。

(二)长三角城市群

长江三角洲城市群是我国城镇化水平最高的区域,各城市人口和城镇化水平均较高,人口密度大,城镇数量多,包含了众多大、中、小城市和小城镇,城镇体系发育程度高,城镇体系较为合理。1995年,长三角城市群常住人口达11915.66万人,是三大城市群中常住人口最多的城市群,占全国常住人口数量的9.84%。其中,城镇人口达到3342.24万人,城镇化率仅为30.01%。长三角城市群的经济中心——上海的常住人口达到1414万人,是长三角城市群常住人口的11.87%。2005年,传统的长三角16市中,除上海外,8个城市人口达到500万人以上,这其中既包括省会城市——南京和杭州,也包括长三角城市群的沿海城市——苏州、南通、盐城、扬州、台州等。2015年,长江三角洲城市群常住人口15097.86万人,占全国常住人口数量升至10.98%,城镇人口达到10194.48万人,城镇化率仅为67.92%。特别需要关注的是,这一时期苏州是除上海外第一个达到千万以上人口的城市;巢湖市归入合肥市辖区后,合肥市人口升至779万人。

1995—2005年,长江三角洲城市群的城镇化水平普遍较低。除上海市的城镇化率超过75%外,邻近上海的苏州、无锡以及省会城市——南京的城镇化率在70%以上,其他的城市的城镇化率均未超过50%。2005—2015年,长江三角洲城市群各城市的城镇化率均有了一个明显的提高。超过80%以上的城市的城镇化率在50%以上。

(三)京津冀城市群

1995年,京津冀城市群常住人口达8340.23万人,占全国常住人口数量的6.71%,仅次于长江三角洲城市群。其中,北京和天津的常住人口分别达到1251.1万人和941.83万人,是京津冀城市群常住人口总数的15%和11.29%。2015年,京津冀城市群常住人口达到10958.98万人,是全国常住人口总数的7.97%。其中,北京和天津常住人口分别达到2170.5万人和1546.95万人,两城市人口之和是京津冀城市群常住人口总数的36.93%，这与同期的双经济中心城市群（珠三角城市群）相比，人口集聚力并未充分发挥。

1995—2005年，京津冀城市群的城镇化率基本没有较大的改变。1995年，北京和天津的城镇化率分别为64.8%、56.8%，城市群内部其他城市的城镇化率均不足30%。2005年北京的城镇化水平得到进一步提高，城镇化率已达到74.5%，天津这一指标基本无变化。这一阶段，石家庄、唐山和秦皇岛的城镇化率呈现上升趋势，但均未超过50%。2005—2015年，各城市的城镇化率呈上升趋势。北京和天津的城镇化率在80%以上，其他城市的城镇化率虽有所上升，但基本维持在50%左右（具体数据见附表）。

综上所述，三大城市群的城镇化水平呈现以下特征（见表4-8和表4-9）：

第一，从常住人口来看，长三角城市群是三大城市群中人口最多的地区，其经济中心——上海也是三个经济中心中常住人口最多的地区，但其在城市群中的比重却最小。

第二，从城镇化发展阶段来看，珠三角城市群要明显快于长三角和京津冀城市群。从城镇化的发展结果来看，2015年年底，珠三角城市群中大部分城市的城镇化率实现80%以上；长三角城市群中30%以上城市实现70%城镇化率，京津冀城市群中，京津两市实现80%以上城镇化率，河北省各地市的城镇化率均在50%左右，城镇化水平差距是三大城市群中最大的。

第三，从空间格局来看，三大城市群的城镇化推进路径都是以核心城市为中心的。然而，珠三角城市群是以广州、深圳、珠海最先实现较高城镇化水平，不断向外围扩散式地实现城镇化水平；长三角城市群是以上海为中心，向周边城市以扩散的方式实现更高水平的城镇化水平；京津冀城市群的城镇化推进较为分散。北京和天津较早实现了55%以上的城镇化水平，直至2015年，京津周围才有4个城市的城镇化水平有所提高。

表 4-8　　　　　1995 年三大城市群城镇化水平对比

指标 地区	常住人口（万人）	占全国总人口比重（%）	经济中心	常住人口（万人）	占城市群的比重（%）
珠三角	2372.75	1.96	广州	646.71	27.25
长三角	11915.66	9.84	上海	1414.00	11.87
京津冀	8340.23	6.71	北京	1251.10	15.00

资料来源：根据1996年各省（直辖市）以及地市统计年鉴整理、计算。

表 4-9　　　　　2015 年三大城市群城镇化水平对比

指标 地区	常住人口（万人）	占全国总人口比重（%）	经济中心	常住人口（万人）	占城市群的比重（%）
珠三角	5874.28	4.27	广州	1350.11	22.98
			深圳	1137.87	19.37
长三角	15097.86	10.98	上海	2458.00	16.28
京津冀	10958.98	7.97	北京	2170.50	19.81
			天津	1546.95	14.12

资料来源：根据2016年各省（直辖市）以及地市统计年鉴整理、计算。

三　产业结构

区域产业结构配置是指在国民经济各个产业部门间及其内部的构成、比例和相互关系（吕德斌，1996）。以城市群为样本的区域内部，各个城市有不同的资源禀赋条件，因此，在工业化发展进程中，每个城市将依据自身的资源禀赋条件呈现不同的产业结构模式。克拉克（1940）在研究经济发展与产业结构演进的关系时，得出"伴随着经济的发展，劳动人口或产值比重从第一产业向第二产业，进而向第三产业移动"的演化规律。这一理论是基于工业带来的经济利润要远高于农业，且随着工业的不断发展，服务业可以带来更多的就业利润，配套服务工业。基于此，接下来的工作将着重分析1995—2015年三大城市群的产业结构演变趋势。

(一) 珠三角城市群

1995 年,珠三角城市群的第一、二、三产业增加值分别为346.42 亿元、1983.39 亿元、1746.35 亿元,三产结构比为 8.5∶48.7∶42.8,二产比重高于三产比重 5.9 个百分点,呈现出"二、三、一"的产业结构。第一、第二产业比重低于全国产业结构平均水平,第三产业比重远远高于全国平均水平①。城市群内部,广州的第三产业比重高于第二产业一个百分点,较早达到了"三、二、一"的产业结构;深圳、珠海的工业发展水平较好,第二产业结构比重均超过 50%,高于第三产业产值;佛山、惠州、东莞和中山的产业结构处于工业化初期,第一产业贡献率在城市群平均水平之上,第三产业的贡献率比较低;随着第二产业的良好发展趋势,深圳、珠海的配套产业与服务也有了明显提高,两座城市的三产贡献率均达到了 40% 以上。

2005 年,珠三角城市群的第一、二、三产业增加值分别为557.96 亿元、9266.58 亿元和 8455.09 亿元,产业结构仍为"二、三、一",三产结构比为 3.1∶50.7∶46.3,与全国平均水平较为接近②。与 1995 年相比,第二产业与第三产业在产业和结构中均表现为较高比重,第三产业发展较好,仅低于二产 4.4 个百分点。其中,除了肇庆市的第一产业产值比重保持在 31.5%,江门、惠州、东莞和中山的第一产业产值比重均下降至 10% 左右。经济中心城市广州市的产业结构已经形成"三、二、一"的结构,这一方面可能是由于广州市发挥省会城市的行政职能,另一方面是大量与工业配套的服务业在中心城市布局,以此为周边区域的产业发展服务。其他城市产业结构依旧是以第二产业为主的"二、三、一"结构亦可佐证这一观点。

---

① 1995 年,全国 GDP 为 61339.9 亿元,第一、二、三产业增加值分别为 12020.5 亿元、28677.5 亿元、20641.9 亿元,三次产业结构比为 8.7∶62.8∶28.5。

② 2005 年,全国 GDP 187318.9 亿元,第一、二、三产业增加值分别为 21806.7 亿元、88084.4 亿元、77427.8 亿元,三次产业结构比为 5.2∶50.5∶44.3。

2015年，珠三角城市群的第一、二、三产业增加值分别为1116.89亿元、28596.17亿元、38040.23亿元，三产结构比为1.8：43.6：54.6，第一、二产业比重低于全国水平，第三产业比重高于全国水平[①]。与2005年相比，第一产业与第二产业比重均呈缩小趋势，第三产业的比重呈扩大趋势，第三产业比重高于第二产业11个百分点。这一时期，珠三角城市群内广州、深圳的第三产业均已超过二产比重，产业结构呈现为"三、二、一"的模式，珠海市的二、三产业结构比重几乎接近，佛山的产业结构变化不大，其他城市的产业结构均呈现二产产值比重下降，三产产值比重上升的趋势，如表4-10所示。

表4-10　　1995—2015年珠三角城市群各城市产业结构　　（单位：%）

城市	年份	1995			2005			2015		
	产业	第一产业	第二产业	第三产业	第一产业	第二产业	第三产业	第一产业	第二产业	第三产业
广州		5.9	46.7	47.4	2.5	39.7	57.8	1.3	31.6	67.1
深圳		1.6	52.4	46.0	0.2	53.2	46.6	0.0	41.2	58.8
珠海		5.3	53.2	41.5	3.0	53.5	43.5	2.2	49.7	48.1
佛山		8.9	55.9	35.2	3.2	60.4	36.4	1.7	60.5	37.8
江门		14.1	47.5	38.4	9.0	52.8	38.2	7.8	48.4	43.8
惠州		17.5	50.1	32.4	9.3	57.1	33.6	4.8	55.0	40.2
肇庆		30.5	41.0	28.4	31.5	25.1	43.4	14.6	50.3	35.1
东莞		12.0	54.5	33.5	0.9	56.7	42.4	0.3	46.6	53.1
中山		13.0	51.0	36.0	3.5	61.3	35.2	2.2	54.3	43.5

资料来源：根据历年《广东统计年鉴》整理、计算。

---

① 2015年，全国GDP为689052.1亿元，第一、二、三产业增加值分别为63670.7亿元、296236.0亿元、384220.5亿元，三次产业结构比为4.2：42.4：52.9。

(二) 长三角城市群

1995年，长三角城市群的第一、二、三产业增加值分别是1352.90亿元、7772.80亿元和3605.00亿元，三次产业结构比为10.6∶61.1∶28.3[①]，第二产业的比重高于第三产业32.8个百分点，在三大城市群中表现出最高的工业产值，工业化水平要高于其他地区。特殊的是，盐城、池州呈现"三、一、二"的产业结构，舟山呈现"三、二、一"的产业结构。

2005年，长三角城市群的第一、二、三产业增加值分别为2147.40亿元、24428.00亿元和12479.20亿元，三次产业结构比为5.5∶62.5∶32.0[②]，第一产业在地区产值中的比重逐步下降接近于全国平均水平。第二产业高于全国平均水平；较1995年，第一产业比重持续下降6.1个百分点；第三产业比重增加3.7个百分点，第二产业比重高于第三产业30.5个百分点，长三角城市群的产业仍以工业和建筑业发展为主，呈现"二、三、一"的产业结构。城市群的经济中心——上海的产业结构率先呈现为"三、二、一"模式，即1.0∶47.4∶51.6。

2015年，长三角城市群的第一、二、三产业增加值分别为4931.80亿元、60602.40亿元和69978.30亿元，三次产业结构比为

[①] 1995年，上海的地区生产总值为2518.1亿元，三次产业结构：59.82亿元、1430.5亿元、1027.8亿元，产业结构比为：2.4∶56.8∶40.8。江苏9市的地区生产总值为6147.9亿元；三次产业结构：570.9亿元、4240.8亿元、1336.2亿元，产业结构比为：9.3∶69.0∶21.7。浙江8市的地区生产总值为3071.2亿元，三次产业结构：460.1亿元、1664.7亿元、946.4亿元，产业结构比为：15.0∶54.2∶30.8。安徽8市的地区生产总值为993.4亿元，三次产业结构：262.1亿元、436.7亿元、294.6亿元，产业结构比为：26.4∶44.0∶29.7。

[②] 2005年，上海的地区生产总值为9247.66亿元，三次产业结构：90.26亿元、4381.20亿元、4776.20亿元，产业结构比为：1.0∶47.4∶51.6。江苏9市的地区生产总值为22111.3亿元，三次产业结构：877亿元、15638.6亿元、5595.7亿元，产业结构比为：4.0∶70.7∶25.3。浙江8市的地区生产总值为11238.8亿元，三次产业结构：729.1亿元、6081.2亿元、4428.5亿元，产业结构比为：6.5∶54.1∶39.4。安徽8市的地区生产总值为3252.5亿元，三次产业结构：439.3亿元、1508.8亿元、1304.5亿元，产业结构比为：13.5∶46.4∶40.1。

3.6∶44.7∶51.6①，第二产业产值比重比第三产业低了 6.9 个百分点。较 2005 年，第一产业比重和第二产业比重均呈下降趋势，第一产业比重降至 3.6%，第二产业比重下降了 17.8 个百分点；第三产业比重呈上升趋势，增至 51.6%。具体来看，人口规模较大的大城市第三产业呈蓬勃发展态势，上海、南京、杭州三个大城市的第三产业比重均超过 50%，呈现出"三、二、一"的产业结构；小城市中金华、舟山、台州率先实现"三、二、一"的产业结构；池州、宣城的产业结构转变成了"二、三、一"，如表 4-11 所示。

表 4-11　　1995—2015 年长三角城市群各城市产业结构占比　（单位:%）

城市 \ 年份 产业	1995			2005			2015		
	第一产业	第二产业	第三产业	第一产业	第二产业	第三产业	第一产业	第二产业	第三产业
上海	2.4	56.8	40.8	1.0	47.4	51.6	0.4	31.8	67.8
南京	7.7	50.9	41.4	4.2	48.9	46.9	2.4	40.3	57.3
无锡	5.3	60.4	34.4	1.9	60.6	37.6	1.6	49.3	49.1
常州	10.8	59.7	29.5	4.6	61.1	34.4	2.8	47.7	49.5
苏州	8.9	60.2	30.9	2.2	64.8	33.0	1.5	48.6	46.6
南通	23.3	51.4	25.3	11.0	55.9	33.1	5.8	48.4	45.8
盐城	36.9	38.1	25.0	24.0	43.2	32.8	12.2	45.7	42.1
扬州	15.4	56.1	28.4	9.6	55.3	35.0	6.0	50.1	43.9
镇江	12.9	56.6	30.5	4.4	60.5	35.1	3.8	49.3	46.9

① 2015 年，上海的地区生产总值为 25123.45 亿元，三次产业结构：109.82 亿元、7991.00 亿元、17022.63 亿元，产业结构比为：0.4∶31.8∶67.8。江苏 9 市的地区生产总值为 59584.37 亿元，三次产业结构：2197.5 亿元、28126.5 亿元、29260.4 亿元，产业结构比为：3.7∶47.2∶49.1。浙江 8 市的地区生产总值为 36170.9 亿元，三次产业结构：1515.10 亿元、16698.30 亿元、17957.6 亿元，产业结构比为：4.2∶46.2∶49.6。安徽 8 市的地区生产总值为 14633.82 亿元，三次产业结构：1109.50 亿元、7786.70 亿元、5737.60 亿元，产业结构比为：7.6∶53.2∶39.2。

续表

城市	年份 产业	1995 第一产业	第二产业	第三产业	2005 第一产业	第二产业	第三产业	2015 第一产业	第二产业	第三产业
泰州		21.4	49.1	29.5	11.0	55.5	33.5	5.9	49.1	45.0
杭州		9.1	53.8	37.1	5.0	50.9	44.1	2.9	38.9	58.2
宁波		13.5	56.2	30.3	5.4	54.8	39.8	3.6	51.2	45.2
嘉兴		18.3	56.4	25.3	7.3	58.8	33.9	4.0	52.6	43.4
湖州		18.7	53.0	28.3	9.8	54.8	35.4	5.9	49.0	45.1
绍兴		13.8	60.0	26.2	6.4	60.3	33.3	4.5	50.4	45.1
金华		16.0	53.6	30.5	6.2	53.1	40.7	4.1	45.5	50.3
舟山		29.8	33.1	37.1	14.2	39.7	46.1	10.2	41.1	48.7
台州		21.8	49.2	29.0	8.2	52.6	39.2	6.5	44.1	49.4
合肥		26.9	42.0	31.1	10.8	44.0	45.2	4.7	52.6	42.7
芜湖		17.5	47.9	34.5	7.5	53.0	39.5	4.9	57.2	37.9
马鞍山		11.2	63.9	24.8	4.7	64.0	31.4	5.8	56.7	37.5
铜陵		8.8	59.6	31.7	3.6	60.9	35.5	5.2	61.8	33.1
安庆		30.6	36.8	32.5	20.8	40.0	39.3	13.1	48.4	38.5
滁州		35.0	42.4	22.6	27.5	38.0	34.6	17.0	50.3	32.7
池州		36.9	33.2	29.8	23.1	35.6	41.3	13.0	46.1	40.9
宣城		28.0	42.3	29.7	21.5	36.8	41.7	12.5	48.7	38.8

资料来源：根据历年《上海市统计年鉴》《江苏省统计年鉴》《浙江省统计年鉴》《安徽省统计年鉴》整理、计算。

（三）京津冀城市群

1995年，京津冀城市群的第一、二、三产业增加值分别为764.34亿元、2484.92亿元、2039.93亿元，三产结构比为14.5∶47.0∶38.5，第一、三产业的比重均高于全国平均水平。具体来看，北京市的三次产业结构比为4.8∶42.7∶52.5，已经较早进入

"三、二、一"的产业结构①；天津市的三次产业结构比为 6.5：55.7：37.8；河北省的三次产业结构比为 22.2：46.4：31.4，省内农业增加值仍然较高，除石家庄、秦皇岛和廊坊外的城市农业增加值比重均高于河北省平均水平，承德市的农业增加值更是高于本市的工业增加值。

2005 年，京津冀城市群的地区生产总值为 20887.25 亿元，第一、二、三产业增加值分别为 1598.58 亿元、9423.84 亿元、9864.83 亿元，三产结构比为 7.7：45.1：47.2，已经较早进入"三、二、一"的产业结构②。引起这一现象的原因可能是由于北京作为全国的政治中心和文化中心，同时可以发挥行政职能和同时期最发达的服务业，其第三产业产值比重达到了 69.9%；而河北省各市的较高的第一产业产值比重和较低发展水平的工业。具体来看，北京市的三次产业结构比为 1.2：28.9：69.9，已经较早进入"三、二、一"的产业结构；此时天津市的第一产业已逐步弱化，第二产业和第三产业却未呈现明显变化，产业结构比重为 2.9：54.6：42.5；河北省的三次产业结构比为 14.0：52.7：33.3，各城市的农业在产业中比重呈下降趋势，但仍占据比较重要的地位，与天津相似的是，河北省各个城市的第三产业比重变化趋势不明显，这与北京的行政职能与发达的服务业有较为明显的关系。

2015 年，京津冀城市群的第一、二、三产业增加值分别为 3788.47 亿元、26633.69 亿元、38936.64 亿元，三产结构比为 5.5：

---

① 1995 年，北京地区生产总值为 1507.1 亿元，天津地区产值为 937.97 亿元，河北省地区生产总值为 2849.52 亿元，北京第一、二、三产业增加值分别为 72.2 亿元、643.6 亿元、791.9 亿元；天津第一、二、三产业增加值分别为 60.8 亿元、518.55 亿元、352.62 亿元；河北省第一、二、三产业增加值分别为 631.34 亿元、1322.77 亿元、895.4 亿元。

② 2005 年，北京地区生产总值为 6969.5 亿元，天津地区产值为 3905.64 亿元，河北省地区生产总值为 10012.11 亿元，北京第一、二、三产业增加值分别为 86.2 亿元、2017.2 亿元、4866.1 亿元，天津第一、二、三产业增加值分别为 112.38 亿元、2135.07 亿元、1658.19 亿元，河北省第一、二、三产业增加值分别为 1400.00 亿元、5271.57 亿元、3340.54 亿元。

38.4∶56.1，仍为"三、二、一"的产业结构①。较 2005 年，第三产业产值比重提高了 8.9 个百分点，这可能是由于河北省各城市的一产比重虽然有所下降，但与北京和天津服务业的发展速度仍存在较大差距。具体来看，北京市的三次产业结构比为 0.6∶19.7∶79.7，第三产业比重进一步提高；天津市的三次产业结构比为 1.3∶46.5∶52.2，三产比重也超过了二产；河北省的三次产业结构比为 11.5∶48.3∶40.2，虽然一产产值比重下降了 2.5 个百分点，依旧保持了较高的比重。其中，石家庄、唐山、沧州、廊坊的一产比重降为个位数，唐山的采矿业、钢铁业等工业行业发展良好，第二产业产值比重达到 55.1%；由于石家庄的地理区位距离较远，以及京津两市在城市群内的绝对优势，其省会城市的行政功能一直以来被弱化，一产比重是几个省会城市（广州、南京、杭州、合肥）中最高的，如表 4-12 所示。

综上所述，三大城市群的城镇化水平呈现以下特征：

第一，三大城市群均有较好的工业基础，实现了从"二、三、一"向"三、二、一"转变的产业结构模式。长三角的工业基础是三大城市群中最好的。三大城市群中，珠三角和长三角城市群的产业结构演变趋势基本满足克拉克产业结构法则，即以第一产业比重的缩小，第二产业比重呈上升再下降的倒"U"形，第三产业比重

表 4-12　　1995—2015 年京津冀城市群各城市产业结构　　（单位:%）

城市	年份	1995			2005			2015		
	产业	第一产业	第二产业	第三产业	第一产业	第二产业	第三产业	第一产业	第二产业	第三产业
北京		4.8	42.7	52.5	1.2	28.9	69.8	0.6	19.7	79.7

---

① 2015 年，北京地区生产总值为 23014.6 亿元，天津地区产值为 16538.19 亿元，河北省地区生产总值为 29806.11 亿元，北京第一、二、三产业增加值分别为 140.2 亿元、4542.6 亿元、18331.7 亿元，天津第一、二、三产业增加值分别为 208.82 亿元、7704.22 亿元、8625.15 亿元，河北省第一、二、三产业增加值分别为 3439.45 亿元、14386.87 亿元、11979.79 亿元。

续表

城市	年份 产业	1995 第一产业	1995 第二产业	1995 第三产业	2005 第一产业	2005 第二产业	2005 第三产业	2015 第一产业	2015 第二产业	2015 第三产业
天津		6.5	55.6	37.8	2.9	54.6	42.5	1.3	46.6	52.2
石家庄		19.9	47.5	32.7	13.9	48.4	37.7	9.1	45.1	45.8
唐山		24.9	47.0	28.1	11.6	57.3	31.1	9.3	55.1	35.6
秦皇岛		20.3	37.9	41.8	10.4	38.8	50.8	14.2	35.6	50.2
邯郸		25.5	44.1	30.4	13.7	50.3	36.0	12.8	47.2	40.0
邢台		32.6	40.9	26.5	18.3	57.3	24.4	15.6	45.0	39.4
保定		28.5	46.5	25.0	18.3	48.8	32.9	13.1	49.9	37.0
张家口		24.1	42.8	33.1	16.2	44.7	39.1	17.9	40.0	42.1
承德		35.2	32.7	32.1	18.2	50.9	30.8	17.3	46.8	35.8
沧州		26.4	44.1	29.5	12.0	53.4	34.6	9.6	49.6	40.8
廊坊		16.2	54.1	29.7	16.2	54.1	29.7	8.3	44.6	47.1
衡水		28.1	46.9	25.1	17.4	53.0	29.6	13.8	46.2	40.0

资料来源：根据历年《北京市统计年鉴》《天津市统计年鉴》《河北统计年鉴》整理、计算。

持续上升为变化趋势。与两地区不同的是，京津冀城市群的产业结构演变趋势表现为第一、二产业产值比重缩小，第三产业产值比重持续上升，并不满足克拉克法则。

第二，从城市群的经济中心来看，1995年广州、北京的产业结构已是"三、二、一"的产业结构；深圳市、上海市在2005年表现为"三、二、一"的产业结构；天津市在2015年才呈现出"三、二、一"的产业结构，与前述一致，天津在京津冀城市群内部的经济中心表现并不突出。

第三，从省会城市层面来看，由于石家庄的地理区位距离较远，以及京津两市在城市群内的绝对优势，其省会城市的行政功能一直以来被弱化，一产比重是几个省会城市（广州、南京、杭州、合肥）中最高的，如表4-13和表4-14所示。

表4-13　　　　　1995年三大城市群产业结构对比　　　　（单位:%）

指标 地区	第一产业	第二产业	第三产业	经济中心	第一产业	第二产业	第三产业
珠三角	8.5	48.7	42.8	广州	5.9	46.7	47.4
长三角	10.6	61.1	28.3	上海	2.4	56.8	40.8
京津冀	14.5	47.0	38.5	北京	4.8	42.7	52.5

资料来源：根据1996年各省（直辖市）以及地市统计年鉴整理、计算。

表4-14　　　　　2015年三大城市群产业结构对比　　　　（单位:%）

指标 地区	第一产业	第二产业	第三产业	经济中心	第一产业	第二产业	第三产业
珠三角	1.8	43.6	54.6	广州	1.3	31.6	67.1
				深圳	0.0	41.2	58.8
长三角	3.6	44.7	51.6	上海	0.4	31.8	67.8
京津冀	5.5	38.4	56.1	北京	0.6	19.7	79.7
				天津	1.3	46.5	52.2

资料来源：根据2016年各省（直辖市）以及地市统计年鉴整理、计算。

四　对外贸易

贸易发生的直接原因是国家或区域之间商品相对价格的差异。价格的差异通常从市场的供求关系出发，由此形成了众多贸易理论。例如，以亚当·斯密的绝对优势理论与大卫·李嘉图的比较优势理论为代表的古典分工贸易理论；以伊·菲·赫克歇尔（1919）、戈特哈德·贝蒂·俄林（1933）的要素禀赋理论等为代表的新古典贸易理论；以保罗·克鲁格曼（1993）的规模经济和垄断竞争贸易理论与雷蒙德·弗农（1966）的产品生命周期理论等为代表的现代贸易理论。在这些理论基础上，城市群通常表现为较高的对外贸易水平便容易理解。在实际的分析中，对外贸易水平主要表现为一个地区的进出口水平和利用外资水平。不仅要考虑实际利用外资水平，还要考虑其对地区生产总值的贡献率，这体现了在地区或城市的经济发展过程中对外经济的依赖程度。

（一）珠三角城市群

1995年，珠三角城市群的进出口总额达到942.6亿美元，占同年全国进出口总额的33.56%。其中，广州、深圳是改革开放以来较早开放的沿海港口城市，在地方权限和外商优惠政策上都给予了更多的政策倾斜。两城市的进出口总额分别为166.99亿美元、387.70亿美元，两市的进出口总额占城市群的58.85%。城市群的实际利用外商直接投资额达到79.47亿美元，占同年全国实际利用外资额的16.51%。广州、深圳以34.54亿美元的实际利用外资额占珠三角城市群的43.47%。

2005年，珠三角城市群的进出口总额达到4110.76亿美元，占同年全国进出口总额的28.91%，下降了近5个百分点。同期长三角城市群的开放程度也有很大的提高，与珠三角城市群形成了竞争态势，进出口总额在全国的比重超过1/3，挤占了珠三角的进出口数额。实际利用外商直接投资额达到113.34亿美元，占同年全国实际利用外资额的17.76%，较1995年增加了1.25%。其中，深圳实际利用外资额跃升至城市群内第一位，东莞、惠州等城市的实际利用外资额均有较大幅度的增长。

2015年，珠三角城市群的进出口总额达到9752.06亿美元，占同年全国进出口总额的24.65%，在全国进出口总额中的份额继续减少，下降了约4.26%；实际利用外商直接投资额达到256.24亿美元，占同年全国实际利用外资额的20.29%，较2005年增加了2.73%。其中，东莞的实际利用外资额达到53.2亿美元，接近广州市的实际利用外资额。除江门和中山两市的实际利用外资额并没有明显的提升，其他各城市的实际利用外资额均以2倍以上的增速增长，如图4-3所示。

(二) 长三角城市群

1995 年，长三角城市群的进出口总额达到 456.67 亿美元，占同年全国进出口总额的 16.26%，是三大城市群中进出口总额最低的地区。其中，上海的进出口总额达到 190.25 亿美元；江苏部分的进出口总额达到 155.10 亿美元；浙江部分的进出口总额达到 104.58 亿美元；安徽部分的进出口总额达到 6.74 亿美元。长三角城市群实际利用外商直接投资额达到 95.24 亿美元，占同年全国实际利用外资额的 19.79%。其中，上海实际利用外资达到 32.50 亿美元；江苏 9 市的实际利用外资达到 46.19 亿美元；浙江 8 市的实际利用外资达到 11.80 亿美元；安徽 8 市的实际利用外资达到 4.75 亿美元。可以看到，江苏省的外商投资较为强劲，在长三角中比上海实际利用外资的能力更强。这一方面是由于江苏省的南京、苏州、无锡、常州等城市较早地被纳入沿海经济开放区域，对外开放程度较高；另一方面苏州依托于邻近上海的区位优势，实现了主动吸收上海外资的辐射效应，这也使苏州成为仅次于上海利用外商直接投资额最高的城市。

2005 年，长三角城市群的进出口总额达到 5149.01 亿美元，占同年全国进出口总额的 36.21%，增加了近 20 个百分点。在加入 WTO 的对外开放背景下，长三角地区的对外开放程度进一步提高，成为三大城市群中进出口总额最高的地区。其中，上海的进出口总额达到 1863.65 亿美元。江苏部分的进出口总额达到 2239.42 亿美元；浙江部分的进出口总额达到 962.79 亿美元；安徽部分的进出口总额达到 83.15 亿美元。长江三角洲实际利用外商直接投资额达到 276.40 亿美元，占同年全国实际利用外资额的 43.32%，较 1995 年增加了 23.53 个百分点，也是三大城市群中实际利用外商直接投资额最高的地区。其中，上海实际利用外资达到 68.50 亿美元；江苏 9 市的实际利用外资达到 125.44 亿美元；浙江 8 市实际利用外资达到 75.59 亿美元；安徽 8 市实际利用外资达到 6.87 亿美元。2000 年以来浙江省进入对外开放区域，杭州、宁波、绍兴、嘉兴和湖州等城市具备优越的工业基础和基础设施，成为吸纳外商直接投资的主要集聚地区。

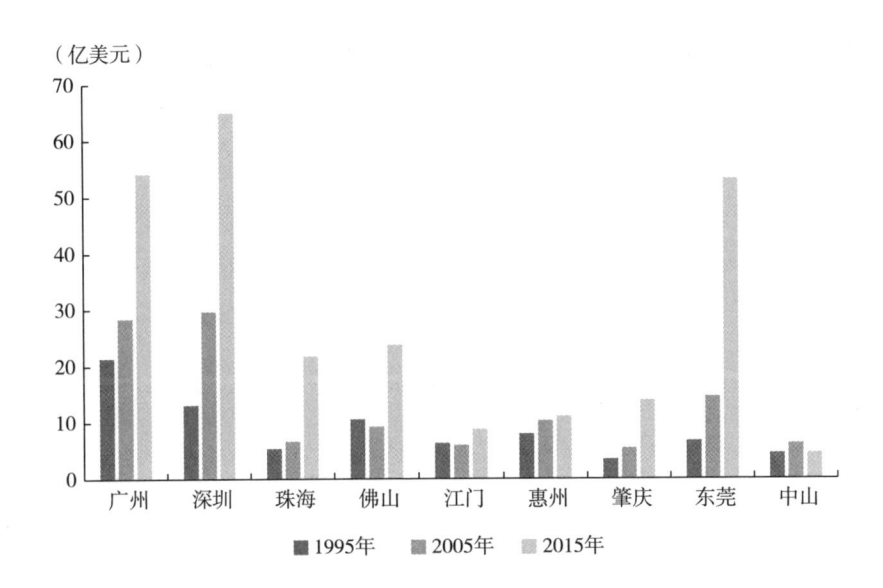

图 4-3　1995—2015 年珠三角城市群实际利用外商直接投资额

2015 年，长三角城市群的进出口总额达到 13389.68 亿美元，占同年全国进出口总额的 33.84%，沿海城市对美国次贷危机的传递较为敏感，较 2005 年在全国进出口总额中的份额呈下降趋势。其中，上海的进出口总额达到 4517.33 亿美元；江苏部分的进出口总额达到 5254.27 亿美元；浙江部分的进出口总额达到 3200.59 亿美元；安徽部分的进出口总额达到 415.49 亿美元。长三角城市群实际利用外商直接投资额达到 647.85 亿美元，占同年全国实际利用外资额的 51.31%，较 2005 年增加了近 8 个百分点。其中，上海实际利用外资达到 184.59 亿美元，占城市群实际利用外资总额的 31.78%；江苏 9 市的实际利用外资达到 205.88 亿美元；浙江 8 市实际利用外资达到 163.83 亿美元；安徽 8 市实际利用外资达到 93.55 亿美元。安徽的合肥、芜湖和马鞍山受到南京、常州、湖州等地区的外商直接投资传递效应影响，这一指标也有明显的增长，如图4-4所示。

（三）京津冀城市群

1995年，京津冀城市群进出口贸易总额达到475.09亿美元，占同年全国进出口总额的16.90%，仅为珠三角城市群进出口总额的一半。其中，北京市的进出口贸易总额达到370.35亿美元，占进出口贸易总额的77.95%，天津市仅为65.46亿美元，河北省为39.28亿美元。天津与上海、广州为同时期批准为沿海开放港口，但其开放程度却与上海、广州差距较大。这可能主要是由于当时我国初期的对外开放主要面向的地区分布在中国香港、日韩和东南亚等。天津与这些地区的距离较远。从外商直接投资来看，京津冀城市群的实际利用外商直接投资的能力是三个城市群中最弱的，仅为35.93亿美元。这既是由于其区位优势不明显，国有企业较多，在空间和政策两方面都无法对跨国公司有更多的吸引力，也是由于当时京津冀城市群整体的产业结构多侧重于第一产业，而大量跨国公司对中国的投资多为第二产业。城市群内，北京外商直接投资为14.03亿美元，天津外商直接投资为15.21亿美元，河北省外商直接投资为7.81亿美元。

2005年，京津冀城市群进出口贸易总额达到1949.60亿美元，占全国进出口总额的13.71%，是三大城市群中进出口总额最低的地区。其中，北京进出口总值达到1255.10亿美元，天津仅为533.90亿美元，河北省仅为160.70亿美元。从外商直接投资来看，京津冀城市群的实际利用外资额达到94.51亿美元，其中外商直接投资达到87.7亿美元，占实际利用外资的92.79%。北京实际利用外资为35.26亿美元，天津实际利用外资为36.46亿美元，河北实际利用外资为22.79亿美元。

2015年，京津冀城市群进出口贸易总额达到4852.5亿美元，与珠三角和长三角城市群差距越来越大。其中，北京进出口总值达到3194.20亿美元，天津市为1143.50亿美元，河北省为514.8亿美元,仅占城市群比重的 10.6%。从外商直接投资来看,实际利用外资额达到 414.99 亿美元,其中外商直接投资达到 403.10 亿美元,占实际利用外资的 97.13%。北京实际利用外资为 129.96 亿美元,中国香港地区贡献了 76.4% 的投资。天津实际利用外资为 211.34 亿美元。河北的实际利用外资仅为 73.69 亿美元,多为承接北京的外商直接投资,中国香港地区对河北的外商直接投资额占全省的 81.82%,如图 4-5 所示。

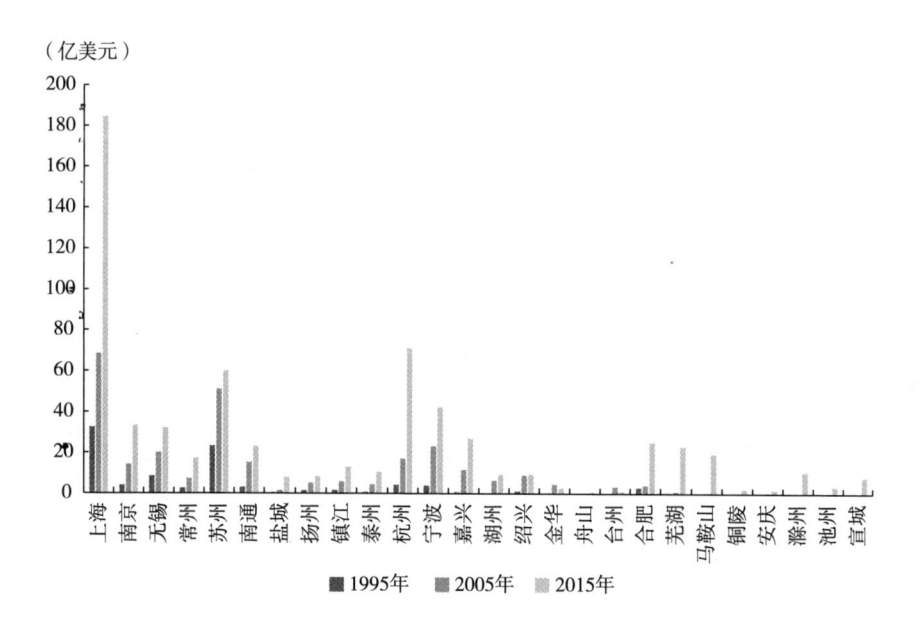

图 4-4　1995—2015 年长三角城市群实际利用外商直接投资额

综上所述,三大城市群对外贸易呈现以下特征:

第一,从进出口总额来看,在对外开放初期,珠三角城市群的进出口总额接近长三角和京津冀两大城市群之和。邻近中国香港地区和东南亚地区,是珠三角城市群优于长三角和京津冀两城市群的区位优势;中央政府在地方权限和外商优惠政策上都给予了珠三角城市群更多的政策倾斜。随着全国全面对外开放,拥有更强的交通运输能力和更广阔的经济腹地的长三角城市群的进出口优势在三大城市群逐步凸显。2015年长三角城市群的进出口总额是珠三角和京津冀城市群之和。在全国南北方经济差距逐渐拉大的趋势下,京津冀城市群的进出口总额是三大城市群中最少的。

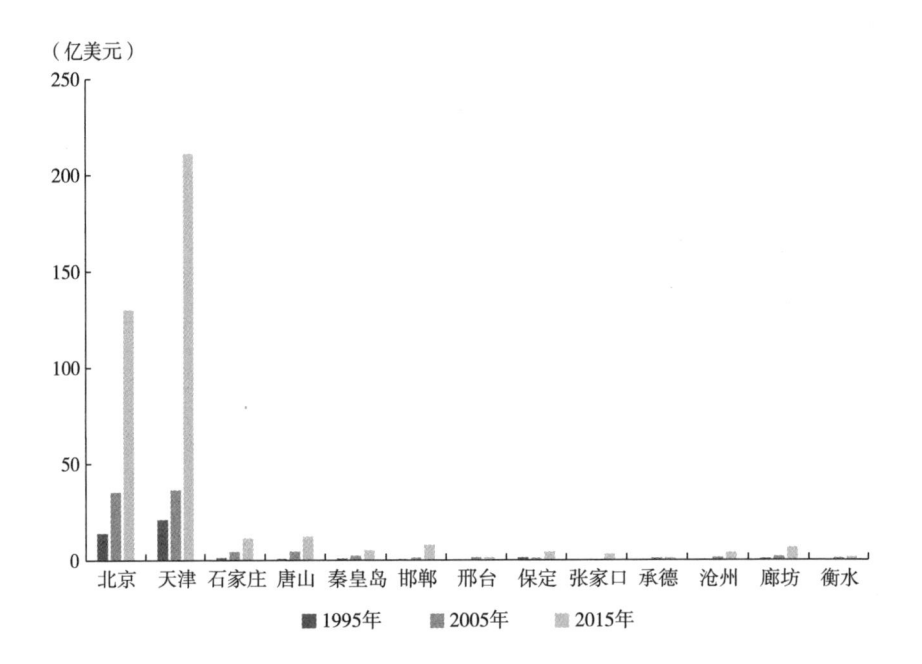

图 4-5　1995—2015 年京津冀城市群实际利用外商直接投资额

第二,从实际利用外资总额来看,1995 年,珠三角城市群的实际利用外资额是三大城市群中最高的;2015 年,长三角城市群的实际利用外资额是三大城市群中最高的。长三角城市群实际利用外资额总量对珠三角的赶超实际上是沿海城市数量较多地与对外开放程度持续提高的结果。然而,珠三角城市群实际利用外资占地区生产总值的比重要远大于长三角城市群,说明珠三角城市群的实际利用外资对地区生产总值的贡献率更大。而京津冀城市群的外资利用情况是三大城市群中最低的,城市群内仅北京、天津两个城市的外资利用情况较好,如表 4-15 和表 4-16 所示。

表 4-15　　　　　　1995 年三大城市群对外贸易对比　　　（单位：亿美元）

指标 地区	进出口总额	外商直接投资	经济中心	进出口总额	外商直接投资
珠三角	942.60	79.47	广州	166.99	21.44
			深圳①	387.70	13.10
长三角	456.67	95.24	上海	190.25	32.50
京津冀	475.09	35.93	北京	370.35	14.03

资料来源：根据 1996 年各省（直辖市）以及地市统计年鉴整理、计算。

表 4-16　　　　　　2015 年三大城市群对外贸易对比　　　（单位：亿美元）

指标 地区	进出口总额	外商直接投资	经济中心	进出口总额	外商直接投资
珠三角	9752.06	256.24	广州	1338.70	54.16
			深圳	4425.58	64.97
长三角	13389.68	647.85	上海	1863.65	184.59
京津冀	4852.50	414.99	北京	3194.20	129.96
			天津	1143.47	211.34

资料来源：根据 2016 年各省（直辖市）以及地市统计年鉴整理、计算。

五　财政收支

区域经济政策通常由一国中央政府为促进国内各地区经济均衡和有效发展而实施的各项措施的总称。在前文阐述中，珠三角、长三角和京津冀三大城市群能够率先成为国家的经济增长区域，国家持续对外开放的政策具有举足轻重的作用，这些地区的沿海城市都成为率先开放的沿海区域。然而，在同一国家政策背景下，三大城市群的经济发展水平和发展阶段不同，在经济发展状况中表现为不同的特征。因此，需要重点考量地方政府的经济行为和资源配置能力。财政收支是地方政府财政资金的配置活动，体现了城市群内部各地方政府提供基

---

① 深圳在全国和城市群中的对外开放都是最早的，在各城市群的经济中心城市比较中，将深圳列入其中。

本公共服务的数量和质量。通过比较三大城市群的财政收支，特别是人均财政收支的各项指标，可以较好地衡量城市群的财政收支能力以及城市群间的基本公共服务提供能力的差距。需要说明的是，本部分内容所使用的数据是地方一般公共预算收入①和地方一般公共预算支出②的数据，以及基于常住人口的人均地方一般公共预算收支。

（一）珠三角城市群

从地方财政收入来看，1995 年，珠三角城市群的一般公共预算收入为 275.27 亿元，占同年全国地方一般公共预算收入的 9.22%。一般公共预算收入中 80% 以上为税收收入和国有企业利润所得，因此，有较好工业基础和较大人口规模的地区通常呈现较高的一般公共预算收入的绝对数额。广州、深圳的地方财政收入分别为 97.08 亿元、88.02 亿元。相应地，肇庆、惠州和中山的地方财政收入在城市群中排名靠后。然而，从人均地方财政收入来看，深圳人均创造的财政收入要高于广州接近 2 倍。2005 年，珠三角城市群的一般公共预算收入为 1218.49 亿元，占同年全国一般公共预算收入的

---

① 地方一般公共预算收支是依据 2007 年政府进行收支分类改革后的统计口径，具体包括税收收入和非税收收入。税收收入中包括国内增值税、营业税、企业所得税、个人所得税、资源税、城市维护建设税、房产税、印花税、城镇土地使用税、土地增值税、车船税、耕地占用税、契税、烟叶税以及其他税收收入。非税收入包括专项收入、行政事业性收费、罚没收入、国有资本经营收入、国有资源（资产）有偿使用收入以及其他收入。因此，2008 年以后的财政收支数据是依据上述口径进行统计。2007 年以前，我国财政收入分为预算内收入和预算外收入，预算内收入包括工商税、农牧业税和耕地占用税、企业所得税、国有企业上缴利润、国有企业亏损补贴、能源交通重点建设基金收入、基本建设贷款归还收入、其他收入、国家预算调节基金、所得税退税、专项收入、罚没收入和行政性收费。

② 地方一般公共预算支出具体包括一般公共服务支出、外交支出、国防支出、公共安全支出、教育支出、科学技术支出、文化体育与传媒支出、社会保障和就业支出、医疗卫生与计划生育支出、节能环保支出、城乡社区支出、农林水支出、交通运输支出、资源勘探信息等支出、商业服务业等住处、金融支出等其他支出。2007 年以前，我国地方财政支出包括基本假设、企业挖潜改造资金、简易建筑费、地质勘探费、科技三项费用、流动资金、支援农业生产、农林水利气象部门事业费、工业交通部门事业费、商业部门事业费、城市维护费、文教卫生事业费、科学事业费、其他部门事业费、社会福利救济费、国防费、行政管理费、公检法部门、价格不同支出、支援不发达地区支出、其他支出、专项支出、农业综合开发支出。

8.07%。虽然一般公共预算收入的绝对值增速较快，但其占全国的比重却呈现下降趋势。这主要是由于珠三角城市群的经济形式多以对外贸易和外商投资，税收收入相对较少。城市群内，广州、深圳的地方财政收入分别为371.26亿元、412.39亿元，深圳的地方财政收入超过广州。相应地，从人均地方财政收入来看，各城市间差距相差不大，这意味着在分税制改革后，珠三角城市群各地方政府的财政收入呈现了较为均衡的态势。2015年，珠三角城市群的一般公共预算收入为6391.53亿元，占同年全国一般公共预算收入的7.70%。这一指标在三大城市群中是最小的。广州的地方财政收入为1349.09亿元，是三大城市群的中心城市中最小的。

通常来说，财政收入的丰裕是财政支出的基础，地方生产总值较高的地区财政收入较高，地方政府的财政支出较高，政府为满足公共需要而提供的公共产品较多，发挥的政府职能的能力较强。因此，城市群之间的财政支出可以如此比较，城市群中各个城市的财政支出亦如此。在经济发展的过程中，地方财政支出的规模是不断增长的。在经济发展阶段的初期，地方财政支出中通常以基础设施投资建设为主，这部分支出通常体现为规模大、价值高等特点。随着不断推进工业化和城镇化，经济发展阶段逐步趋向成熟，地方财政支出中通常表现为消费性支出和转移性支付，一般包括社会保障、教育、医疗等方面的支出。所以，地方财政支出的规模不断增长，若从城市群的地方财政支出在全国的比重或各个城市的财政支出在城市群中的比重的测度结果中，可以发现不同城市的发展阶段。1995年，珠三角城市群的地方一般公共预算支出为322.01亿元，占同年全国地方一般公共预算支出的6.67%。其中，广州、深圳的地方财政支出分别为111.24亿元、93.40亿元。然而，从人均地方财政支出来看，深圳的人均财政支出要高于广州1167.06元，这表明深圳政府提供的人均基本公共服务要比广州高。2005年，珠三角城市群的一般公共预算支出为1567.24亿元，占同年全国一般公共预算支出的6.23%。与此同时，城市群内各城市的一般公共服务差距较大。最高的城市——深圳的人均一般公共预算支出为4982.06元，最低的惠州的人均一般公共预算支出为529.24元，相差9倍。2015年，珠三角城市群的一般公共预算支出为7375.73亿元，占同年全国一般公共预算支出的4.91%。这一指标在全国的比重不断下降。这可能是由于珠三角城市群是三大城市群中最早对外开放的，地方财政支出在基础设施的投资和构建基本公共服务体系都是最早的。随着基础设施建设逐渐完善，地方财政资金在这类投资规模大、价值高的支出逐渐减少。从各个城市的人均一般公共预算支出来看，深圳、珠海、东莞位列城市群的前三位，分别为23966.36元、16520.41元、11460.78元。作为省会城市，广州的人口规模较大，劳动力在城市内生产生活表现为较高的拥挤成本和负外部效应，具体表现为交通运输拥挤、环境恶化等问题，人均使用的公共产品较低，人均一般公共预算支出为9992.45元，要远低于前三位城市，如表4-17所示。

表4-17　1995—2015年珠三角城市群人均一般公共预算收支

（单位：元）

城市 \ 指标 年份	地方一般公共预算收入			地方一般公共预算支出		
	1995	2005	2015	1995	2005	2015
广州	1343.31	3909.32	9992.45	1539.25	4616.40	12792.44
深圳	2550.42	4982.06	23966.36	2706.31	7238.42	30949.68
珠海	1439.82	3459.11	16520.41	1571.66	4080.67	23791.08
佛山	745.01	2255.92	7503.43	1061.35	2600.81	10765.35
江门	635.85	1123.04	4184.84	745.74	1463.22	6159.18
惠州	288.61	529.24	4119.41	443.91	798.85	5888.83
肇庆	380.84	839.62	4466.60	736.66	1669.39	8340.91
东莞	324.60	2534.06	11460.78	348.75	2852.68	12860.71
中山	249.07	1476.06	7082.22	295.00	1542.71	8753.82

资料来源：根据历年《广东统计年鉴》整理、计算。

第四章　我国三大城市群的区域范围与发展状况 | 95

(二) 长三角城市群

从地方财政收入来看，1995年，长三角城市群的一般公共预算收入为513.26亿元，占同年全国地方一般公共预算收入的17.19%。这一指标是三大城市群中最高的。其中，上海的财政收入为227.30亿元，同期的南京、杭州、苏州的财政收入为29.4亿元、23.04亿元、26.89亿元，上海的财政收入与其他城市形成巨大差距。从人均一般公共预算收入来看，各个城市的人均收入差距较大。上海的人均财政收入为1607.50元，传统长三角区域中，人均财政收入最低的城市——金华仅为151.64元。2005年，长三角城市群的一般公共预算收入为3540.40亿元，占同年全国一般公共预算收入23.45%，占全国的比重却增加了六个百分点。城市群内，除上海外，南京、苏州、杭州、宁波的一般公共预算收入均超过了200亿元。相应地，从人均一般公共预算收入来看，各个城市的人均收入差距进一步扩大。上海的人均财政收入为7585.73元，传统长三角区域中，人均财政收入最低的城市——盐城仅为491.66元。2015年，长三角城市群的一般公共预算收入为17241.51亿元，占同年全国一般公共预算收入的20.77%，这一指标较2005年下降了近3个百分点。其中，上海的财政收入为5519.50亿元，南京、苏州、杭州、宁波、合肥的财政收入均超过了1000亿元，如表4-18所示。

从财政支出来看，1995年，长三角城市群的地方一般公共预算支出为595.56亿元，占同年全国地方一般公共预算支出的12.33%。其中，上海的地方财政支出为267.89亿元，这一指标超过广州、北京的地方财政支出之和，占城市群的比重为44.98%。从人均地方财政支出来看，城市群内的基本公共服务差距较大。上海的人均财政支出为1894.55元，人均财政支出最低的城市——盐城仅为193.28元。2005年，长三角城市群的一般公共预算支出为4049.22亿元，占同年全国一般公共预算支出的16.10%，这一指标较1995年增加了近4个百分点。其中，上海的地方财政支出为1660.32亿元，

表 4-18　1995—2015 年长三角城市群人均一般公共预算收支

（单位：元）

指标 年份 城市	地方一般公共预算收入			地方一般公共预算支出		
	1995	2005	2015	1995	2005	2015
上海	1607.50	7585.73	22852.52	1894.55	8783.55	25635.06
南京	428.88	3059.94	12385.17	527.83	3353.90	12690.54
无锡	385.62	3244.32	12747.66	352.02	3265.89	12607.13
常州	328.24	2300.01	9917.90	324.35	2369.25	10192.28
苏州	357.14	4179.21	14701.96	328.45	4423.20	14384.04
南通	189.84	983.47	8570.41	235.90	1229.51	10259.86
盐城	198.29	491.66	6605.80	193.28	916.20	10324.55
扬州	196.61	1098.67	7509.59	279.74	1379.62	9708.27
镇江	246.41	1592.57	9534.08	305.22	1762.84	11069.42
泰州	159.21	1000.21	6942.00	222.72	1335.61	9313.60
杭州	362.58	3336.35	13682.44	391.95	3174.83	13367.49
宁波	448.62	3237.99	12861.47	639.98	4036.82	16008.18
嘉兴	224.13	1671.47	7641.50	255.85	1838.09	9250.45
湖州	156.04	1461.77	6485.14	221.05	1621.92	9279.34
绍兴	229.47	1734.23	7304.62	264.16	1823.23	8482.52
金华	151.64	1400.32	5678.22	237.23	1661.66	8514.48
舟山	219.46	1776.59	9784.90	468.24	3121.95	20803.15
台州	208.67	1272.11	4926.76	288.86	1549.22	7558.45
合肥	532.72	2826.70	12843.43	345.73	2165.75	9918.67
芜湖	169.29	1247.94	7209.47	254.40	1704.04	10772.47
马鞍山	536.17	2064.22	5782.42	360.84	2310.70	8981.52
铜陵	332.85	1389.37	4196.08	415.18	2223.66	6960.18
安庆	138.55	344.72	2323.76	195.59	815.61	7352.00
滁州	147.68	291.92	3577.95	210.73	736.89	7533.05
池州	146.54	488.33	4964.14	211.14	1124.01	10274.32
宣城	164.63	436.05	5075.62	235.48	1025.97	9383.10

资料来源：根据历年《上海市统计年鉴》《江苏省统计年鉴》《浙江省统计年鉴》《安徽省统计年鉴》整理、计算。

占城市群的比重为 41.00%。城市群内各城市的一般公共服务差距较大。最高的城市——上海的人均一般公共预算支出为 8783.55 元，最低的滁州的人均一般公共预算支出为 736.89 元，相差 11 倍。2015 年，长三角城市群的一般公共预算支出为 20027.81 亿元，占同年全国一般公共预算支出的 13.32%。这一指标较 2005 年增加了 1 个百分点。长三角城市群的地方财政支出在全国的比重呈现了上升又下降的倒 "U" 形变化趋势。2000 年以后，长三角地区逐渐开放，以开发上海浦东新区等的财政投入逐步增加，大量企业和劳动力的流入速度加快，促使长三角地区快速构建基本公共服务体系。从各个城市的人均一般公共预算支出来看，江苏各个城市人均享受基本公共服务待遇逐渐接近上海，这对本地区承接上海产业和流动人口具有重要作用。

(三) 京津冀城市群

从地方财政收入来看，1995 年，京津冀城市群的一般公共预算收入为 270.70 亿元，占同年全国地方一般公共预算收入的 9.07%。其中，北京的地方财政收入为 115.30 亿元，是城市群中财政收入最高的城市，与排名第二的天津（58.94 亿元）差距较大。2005 年，京津冀城市群的一般公共预算收入为 1629.92 亿元，占同年全国一般公共预算收入的 10.79%。城市群内，北京和天津的一般公共预算收入分别为 919.21 亿元、331.90 亿元，北京与天津的地方财政收入的差距持续扩大。与此同时，河北省的一般公共预算年收入均低于 100 亿元，是三大城市群中地方财政收入规模最小的。相应地，城市间的人均地方财政收入差距也较大。2015 年，京津冀城市群的一般公共预算收入为 9554.90 亿元，占同年全国一般公共预算收入的 11.51%。仅北京和天津的地方财政收入超过千万亿元，其他城市的地方财政收入均低于 400 亿元，这一情况并没有明显的改善。

从财政支出来看，1995 年，京津冀城市群的地方一般公共预算支出为 391.47 亿元，占同年全国地方一般公共预算支出的 8.11%。其中，北京的地方财政支出为 154.40 亿元，占城市群的比重为39.44%。从人均地方财政支出来看，北京和天津的差距较大。2005年，京津冀城市群的一般公共预算支出为2259.76亿元，占同年全国一般公共预算支出的8.98%。其中，北京的地方财政支出为1058.31亿元，占城市群的比重为46.83%。这一指标是三大城市群中最高的，意味着北京政府提供的基本公共服务要远高于城市群内其他地区。2015年，京津冀城市群的一般公共预算支出为13386.75亿元，占同年全国一般公共预算支出的8.90%。京津冀城市群的地方财政支出在全国的比重几乎没有变化。其中，北京的地方财政支出为527.82亿元，占城市群的比重为39.42%，天津的地方财政支出为323.10亿元，占城市群的比重为24.14%，京津两市的地方财政支出之和占城市群比重超过60%，大量的公共服务资源分布在中心城市，河北省各个城市的基本公共服务资源被中心城市挤占严重，难以获得人力和资本的优势。从各个城市的人均地方财政支出来看，北京、天津与其他城市差距也较大。北京的人均地方财政支出为21763.93元，衡水仅1995.66元，如表4-19所示。

综上所述，三大城市群的财政收支呈现以下特征：

第一，从地方财政收入的规模来看，1995—2015年三大城市群的地方财政收入均呈上升趋势。受限于城市和人口的规模，珠三角城市群的财政收入是最少的；长三角城市群的地方财政收入规模是最大的。从人均地方财政收入来看，珠三角城市群内各城市的财政收入差距较小，京津冀城市群内各城市的财政收入差距较大。从经济中心的地方财政收入来看，上海的地方财政收入最高。

第二，从地方财政支出的规模来看，长三角城市群的一般公共预算支出是三大城市群中最多的。1995—2015年，珠三角城市群的地方财政支出在全国的比重不断下降，长三角城市群的地方财政支出在全国的比重呈现了上升又下降的倒"U"形变化趋势，京津冀城市群的地方财政支出在全国的比重几乎没有变化。这可能是由于珠三角城市群是三大城市群中最早对外开放的，地方财政支出在基

表4-19　1995—2015年京津冀城市群人均一般公共预算收支

(单位：元)

城市	地方一般公共预算收入			地方一般公共预算支出		
指标 年份	1995	2005	2015	1995	2005	2015
北京	921.59	5976.66	21763.93	1234.11	6881.09	24317.90
天津	625.80	3182.17	17240.31	959.51	4238.93	20886.26
石家庄	227.60	685.53	3724.05	277.91	1125.52	6775.68
唐山	238.10	1069.06	4293.95	318.49	1760.15	7591.93
秦皇岛	316.75	895.41	3721.27	430.38	1530.65	7428.64
邯郸	121.67	499.02	2020.79	165.55	968.17	5466.24
邢台	100.94	321.35	1407.45	180.80	762.89	5122.72
保定	114.07	347.28	2056.82	179.65	802.54	5476.87
张家口	122.86	505.11	3017.69	265.79	1404.21	8826.06
承德	94.68	513.19	2755.29	218.20	1439.79	8286.90
沧州	77.99	455.74	2833.63	132.97	920.62	6513.90
廊坊	207.60	613.55	6648.50	326.26	1211.64	10561.55
衡水	99.42	315.61	1995.66	200.05	931.25	6063.25

资料来源：根据历年《北京市统计年鉴》《天津市统计年鉴》《河北统计年鉴》整理、计算。

础设施的投资和构建基本公共服务体系都是最早的。随着基础设施建设逐渐完善，地方财政资金在这类投资规模大、价值高的支出逐渐减少。2000年以后，长三角地区逐渐开放，以开发上海浦东新区等的财政投入逐步增加，大量企业和劳动力的流入速度加快，促使长三角地区快速构建基本公共服务体系。然而，京津冀城市群中北京和天津的财政支出与其他区域间的差距较大，大量的公共服务资源分布在中心城市，河北省各个城市的基本公共服务资源被中心城市挤占严重，难以获得人力和资本的优势，如表4-20和表4-21所示。

表 4-20　　　1995 年三大城市群地方财政收支对比　（单位：万亿元）

指标 地区	一般公共 预算收入	一般公共 预算支出	经济中心	一般公共 预算收入	一般公共 预算支出
珠三角	275.27	322.01	广州	97.08	111.24
			深圳	88.02	93.40
长三角	513.26	595.56	上海	227.30	267.89
京津冀	270.70	391.47	北京	115.30	154.40

资料来源：根据 1996 年各省（直辖市）以及地市统计年鉴整理、计算。

表 4-21　　　2015 年三大城市群地方财政收支对比　（单位：万亿元）

指标 地区	一般公共 预算收入	一般公共 预算支出	经济中心	一般公共 预算收入	一般公共 预算支出
珠三角	6391.53	7375.73	广州	1349.09	1727.12
			深圳	2727.06	3521.67
长三角	17241.51	20027.81	上海	5519.50	6191.56
京津冀	9554.90	13386.75	北京	4723.86	5278.20
			天津	2666.99	3231.00

资料来源：根据 2016 年各省（直辖市）以及地市统计年鉴整理、计算。

第三节　本章小结

本章依据三大城市群各时期的空间格局的演变与政府报告，明确了城市群的界限和行政区划。珠三角城市群以 14 个城市为研究区域；首次将安徽省部分城市纳入长三角城市群的研究区域，以上海（直辖市）、南京、杭州、宁波（副省级城市）以及 22 个地级市、40 个县级市共计 66 个城市作为长三角城市群的研究单元；以北京、天津、河北全省 11 个地级市、20 个县级市作为京津冀城市群的研究单元。依据经济增长与地区差距、城镇化水平、产业结构、对外贸易和财政收支五个指标的分析，可以得出关于三大城市群的几个基本结论：

（1）从经济增长与地区差距来看，三大城市群呈现以下特征：第一，1995—2015年，三大城市群的经济水平均呈现了从高速增长逐步下降至缓慢增速的变化趋势。三大城市群中，珠三角城市群的平均经济增速在每个阶段均高于长三角城市群，继而高于京津冀城市群。长三角城市群所占地理面积较大，城市数量较多，地区产值约为其他两个城市群中产值之和。第二，各城市群中经济中心演变历程存在明显的不同。1995—2015年，珠三角城市群已从单核心演变成为较为突出的双核心城市发展模式；长三角城市群为单核心城市发展模式，同时伴随着次一级核心城市的快速发展；京津冀城市群的经济中心发展模式并不突出。第三，三大城市群的经济差距均呈倒"U"形变化趋势。珠三角城市群中，广州、深圳、珠海、佛山的经济增速齐头并进，与周围城市的经济差距呈倒"U"形曲线。长三角城市群的经济增长格局经历了两个阶段：1995—2005年，以上海为代表的沿海城市实现了快于内陆城市的增速；2005—2015年，以省会城市——南京、杭州、合肥为代表的部分内陆城市实现了较快的增速；经济差距呈倒"U"形形状。京津冀城市群中，天津在城市群中的地位显著提升；沿海城市——唐山、秦皇岛、邯郸并未明显显现出与内陆城市之间的差距，经济差距更大程度上是河北各城市与北京、天津之间的巨大差距。

（2）从城镇化水平来看，三大城市群呈现以下特征：第一，从常住人口来看，长三角城市群是三大城市群中人口最多的地区，其经济中心——上海也是三个经济中心中常住人口最多的地区，但在城市群中的比重却最小。第二，从城镇化发展阶段来看，珠三角城市群要明显快于长三角和京津冀城市群。从城镇化的发展结果来看，2015年年底，珠三角城市群中大部分城市的城镇化率实现80%以上；长三角城市群中30%以上城市实现70%城镇化率，京津冀城市群中京津两市实现80%以上城镇化率，河北省各地市的城镇化率均在50%左右，城镇化水平差距是三大城市群中最大的。第三，从空间格局来看，三大城市群的城镇化推进路径都是以核心城市为中心。然而，珠三角城市群是以广州、深圳、珠海最先实现较高城镇化水平，不断向外围扩散式地实现城镇化水平；长三角城市群是以上海为中心，向周边城市以扩散的方式实现更高水平的城镇化水平；京津冀城市群的城镇化推进较为分散。北京和天津较早实现了城镇化水平，直至2015年，京津周围才有4个城市的城镇化水平有所提高。

（3）从产业结构来看三大城市群的城镇化水平呈现以下特征：第一，三大城市群均有较好的工业基础，实现了从"二、三、一"向"三、二、一"转变的产业结构模式。长三角的工业基础是三大城市群中最好的。三大城市群中，珠三角和长三角城市群的产业结构演变趋势基本满足克拉克产业结构法则，即第一产业比重缩小，第二产业比重呈上升再下降的倒"U"形形状，第三产业比重持续上升为变化趋势。与两地区不同的是，京津冀城市群的产业结构演变趋势表现为第一、二产业产值比重缩小，第三产业产值比重持续上升，并不能满足克拉克法则。第二，从城市群的经济中心来看，1995年广州、北京的产业结构已是"三、二、一"的产业结构；深圳市、上海市在2005年表现为"三、二、一"的产业结构；天津市在2015年才实现"三、二、一"的产业结构，与前述一致，天津的在京津冀城市群内部的经济中心表现并不突出。第三，从省会城市层面来看，由于石家庄的地理区位距离较远，以及京津两市在城市群内的绝对优势，其省会城市的行政功能一直以来容易被弱化，尤其以蔬菜、水果生产等为重，一产比重是几个省会城市（广州、南京、杭州、合肥）中最高的。

（4）从对外贸易来看，三大城市群的对外贸易呈现以下特征：第一，从进出口总额来看，在对外开放初期，珠三角城市群的进出口总额接近长三角和京津冀两大城市群之和。邻近中国香港地区和东南亚地区，是珠三角城市群优于长三角和京津冀两城市群的区位优势；中央政府在地方权限和外商优惠政策上都给予了珠三角城市群更多的政策倾斜。随着全国全面对外开放，拥有更强的交通运输能力和更广阔的经济腹地的长三角城市群的进出口优势在三大城市群逐步凸显。2015年长三角城市群的进出口总额是珠三角和京津冀城市群之和。在全国南北方经济差距逐渐拉大的趋势下，京津冀城市群的进出口总额是三大城市群中最少的。第二，从实际利用外资总额来看，1995年，珠三角城市群的实际利用外资额是三大城市群中最高的；2015年，长三角城市群的实际利用外资额是三大城市群中最高的。长三角城市群实际利用外资额总量对珠三角的赶超实际上是沿海城市数量较多与对外开放程度持续提高的结果。然而，珠三角城市群实际利用外资占地区生产总值的比重要远大于长三角城市群，说明珠三角城市群的实际利用外资对地区生产总值的贡献率更大。而京津冀城市群的外资利用情况是三大城市群中最低的，城市群内仅北京、天津两个城市的外资利用情况较好。

（5）从财政收支来看，三大城市群的财政收支呈现以下特征：第一，从地方财政收入的规模来看，1995—2015年三大城市群的地方财政收入均呈上升趋势。受限于城市和人口的规模，珠三角城市群的财政收入是最少的；长三角城市群的地方财政收入规模是最大的。从人均地方财政收入来看，珠三角城市群内各城市的财政收入差距较小，京津冀城市群内各城市的财政收入差距较大。从经济中心的地方财政收入来看，上海的地方财政收入最高。第二，从地方财政支出的规模来看，长三角城市群的一般公共预算支出是三大城市群中最多的。1995—2015年，珠三角城市群的地方财政支出在全国的比重不断下降，长三角城市群的地方财政支出在全国的比重呈现了既上升又下降的倒"U"形变化趋势，京津冀城市群的地方财政支出在全国的比重几乎没有变化。这可能是由于珠三角城市群是三大城市群中最早对外开放的，地方财政支出在基础设施的投资和构建基本公共服务体系都是最早的。随着基础设施建设逐渐完善，地方财政资金在这类投资规模大、价值高的支出逐渐减少。2000年以后，长三角地区逐渐开放，以开发上海浦东新区等的财政投入逐步增加，大量企业和劳动力的流入速度加快，促使长三角地区快速构建基本公共服务体系。然而，京津冀城市群中北京和天津的财政支出与其他区域间的差距较大，大量的公共服务资源分布在中心城市，河北省各个城市的基本公共服务资源被中心城市挤占严重，难以获得人力和资本的优势，加剧了公共资源质量的差距。

第五章 三大城市群空间等级规模结构演变分析

通过对三大城市群空间范围的界定和经济发展状况的阐释，对三大城市群在经济发展的各个方面的差异有了具体的刻画。接下来的研究工作将围绕三大城市群的空间结构演变进行。基于城市首位度和分形理论，本章研究工作从城市群的空间等级规模结构的演变展开。研究工作如下：首先，从人口与经济两个角度入手，利用城市首位律理论与位序—规模回归方法分析城市群的人口城镇化与经济城镇化的演变进程。其次，对比分析三大城市群的人口等级规模和经济等级规模结构，得到了三大城市群空间等级规模结构演变特征。

第一节 指标选取与模型构建

一 指标选取

1939年，杰斐逊研究一个国家的城市规模时，观察到首位城市的规模比排名第二位的城市规模大得多，首位城市与第二位城市的经济指标比值具有一定的经济含义，由此提出了城市首位率的理论。通常用一个地区或国家的最大城市与第二大城市经济规模的比值表示区域内最大经济规模城市的首位度，一般用来表示城市等级规模的指标，是经济增长指标或人口规模，具体的公式如下：

$$S_2 = \frac{P_1}{P_2}$$

其中，P_1 为研究区域的首位城市的经济指标，P_2 为研究区域第二位城市的经济指标。一般认为，S_2 小于 2，表明城市群规模结构比较正常；S_2 大于 2，表示城市群等级规模结构存在失衡和过度集中的问题。从后文的分析中可以发现，两城市首位度对城市群核心城市的空间结构具有较好的度量，其变化趋势可以较为清晰地展示城市群内第一大城市与第二大城市之间在人口或经济上的竞争关系。

在后来的研究与修正中，研究者又提出如下公式，分别为四城市首位度和十一城市首位度。四城市首位度的测算方法如下：

$$S_4 = \frac{P_1}{P_2 + P_3 + P_4}$$

其中，P_1 为研究区域的首位城市的经济指标，P_2 为研究区域第二位城市的经济指标，P_3 为研究区域第三位城市的经济指标，P_4 为研究区域第四位城市的经济指标。其测度结果将表达两层含义：其一，依据集聚扩散机制，首位城市通常在城市群中发挥集聚扩散效应，这一效应受限于空间距离和行政区划。因此，四城市首位度的测度结果可以反映首位城市在相邻城市和省会城市的集散效应。其二，这一指标也可以反映次一级核心城市的人口规模和经济发展是否逐渐在接近首位城市，是否具备承接首位城市的部分城市职能，发挥次一级核心城市的作用的能力。

十一城市首位度的测算方法如下：

$$S_{11} = \frac{P_1}{P_2 + P_3 + \cdots + P_{11}}$$

其中，P_1 为研究区域的首位城市的经济指标，P_2 为研究区域第二位城市的经济指标，P_3 为研究区域第三位城市的经济指标，P_{11} 为研究区域第十一位城市的经济指标。其测度结果可与四城市首位城市指标结合。若四城市首位度变化趋势为逐渐下降，而十一城市首位度变化趋势为逐渐上升，这较大可能意味着首位城市在发挥扩散效应。

首位度指标可以继续延伸下去，以考察不同规模城市间的关系。如：

$$S_{2-4}=\frac{S_2}{S_4}=\frac{P_1}{P_2}\times\frac{P_2+P_3+P_4}{P_1}=\frac{P_2+P_3+P_4}{P_2}=1+\frac{P_3+P_4}{P_2}$$

在这一指标中，可比较 S_{2-4} 与 2 的大小。若 $S_{2-4}\geq 2$，即 $\frac{P_3+P_4}{P_2}\geq 1$，区域内排位 3、4 的城市人口（或经济）规模大于第二大城市。

$$S_{4-11}=\frac{S_4}{S_{11}}=\frac{P_1}{P_2+P_3+P_4}\times\frac{P_2+P_3+\cdots+P_{11}}{P_1}=\frac{P_2+P_3+\cdots+P_{11}}{P_2+P_3+P_4}$$

$$=1+\frac{P_5+\cdots+P_{11}}{P_2+P_3+P_4}$$

在这一指标中，可比较 S_{4-11} 与 2 的大小。若 $S_{4-11}\geq 2$，即 $\frac{P_5+\cdots+P_{11}}{P_2+P_3+P_4}\geq 1$，区域内排位 5—11 的城市大于排位 2—4 的城市人口（或经济）规模。

之后有人将城市首位度与经济首位度进行区分。认为城市首位度是区域内最大城市与第二大城市的经济规模之比以此表示最大城市经济规模的首位度。将第一大城市经济指标占全省的比重用经济首位度来表示。在前人研究的基础上，本书将沿用杰斐逊对城市首位律的定义，从人口规模层面分析 1995—2015 年三大城市群的人口首位度，分别包括两城市首位度、四城市首位度和十一城市首位度，即本章的第二部分；利用区域内各城市的经济规模占城市群总额的比重，即经济集中度来分析 1995—2015 年三大城市群的经济规模结构，即本章的第三部分。

二 模型构建

依城市规模指标（如人口、经济、社会面积等），一个城市的规模和该城市在全国所有城市中的排序之间存在一定的规律关系，称为位序—规律回归。该规律是最早由奥尔巴赫（F. Auerbach, 1913）提出的,后由齐夫（G. K. Zipf, 1949）提出更简单的公式表达:

$$P_i = P_1 \cdot R_i^{-q}$$

其中, P_i 为从大到小排序后的第 i 个城市的规模指标, P_1 为最大城市的规模指标。R_i 为从大到小排序后的第 i 个城市的位序。$|-q|$ 称为帕累托指数,其大小可以用来衡量城市规模分布的均衡程度。

$|-q|>1$, 意味着城市规模分布比较集中, 首位度较高;

$|-q|<1$, 意味着城市规模分布较为分散;

$|-q|=1$, 意味着城市规模分布满足齐夫（Zipf）的理想状态, 也称其服从"齐夫法则"。$|-q|$ 值越大, 城市规模分布越集中; $|-q|$ 值越小, 城市规模分布越来越分散。为了便于回归结果的得出,我们可以对上述公式作对数变换,得到下式:

$$\log P_i = \log P_1 - q\log R_i$$

第二节 三大城市群空间等级规模结构测度分析
——依人口规模划分

一 人口划分下的城市等级规模

（一）珠三角城市群

在市域的研究层面上,本章依据2015年各省（直辖市）年鉴,对县级市以上（包括县级市、地级市、副省级城市和直辖市）的行政区划的市域单元作为研究对象。据此,珠三角城市群共包括大小城市14个市域单元,具体有广州、深圳2座副省级城市;7个地级市以及地级市辖的5个县级市,分别是江门市辖的台山市、开平市、鹤山市、恩平市;肇庆市辖的四会市。并依据2014年《国务院关于调整城市规模划分标准的通知》（以下简称《通知》）,以城区常住人口①为统计口径,将三大城市群的城市划分为五类七档。如表 5-1 所示,数据来源于《广东省统计年鉴》。可以发现,截至 2015 年年底,超大城市、特大城市、大城市、中等城市和小城市的城市数目比为 2∶2∶5∶4∶1,其百分比分别为 14.3%∶14.3%∶35.7%∶28.6%∶7.1%,其中大城市和中小城市各 5 个,分别占城市总数的 1/3 以上。可以发现,在珠三角城市群的城市规模等级体系中,超大城市—特大城市—大城市规模等级体系较完整,存在 I 类小城市不足和 II 类小城市缺乏的问题。

表 5-1　　　　　　2015 年珠三角城市群各城市规模等级

类别	城市规模（万人）		珠三角
超大城市	>1000		广州市、深圳市
特大城市	500—1000		佛山市、东莞市
大城市	I 类大城市	300—500	中山市
	II 类大城市	100—300	珠海市、江门市、惠州市、肇庆市
中等城市	50—100		台山市、开平市、鹤山市、四会市
小城市	I 类小城市	20—50	恩平市
	II 类小城市	<20	—

资料来源:根据 2016 年《广东统计年鉴》《江门统计年鉴》等整理、计算。

(二) 长三角城市群

依照 2015 年年底行政区划的划分,长三角城市群共包括大小城市 66 个市域单元,具体包括上海市 1 座直辖市和南京、杭州、宁波 3 座副省级城市;22 个地级市以及地级市辖的 38 个县级市,分别是无锡市辖的江阴市、宜兴市;常州市辖的溧阳市;苏州市辖的常熟市、张家港市、昆山市、太仓市;南通市辖的启东市、如皋市、海

---

① 城区是指在市辖区和不设区的市,区、市政府驻地的实际建设连接到的居民委员会所辖区域和其他区域。常住人口包括居住在本乡镇街道,且户口在本乡镇街道或户口待定的人;居住在本乡镇街道,且离开户口登记地所在的乡镇街道半年以上的人;户口在本乡镇街道,且外出不满半年或在境外工作学习的人。

门市；盐城市辖的东台市；扬州市辖的仪征市、高邮市；镇江市辖的丹阳市、扬中市、句容市；泰州市辖的兴化市、靖江市、泰兴市；杭州市辖的临安市、建德市；宁波市辖的余姚市、慈溪市、奉化市；嘉兴市辖的平湖市、海宁市、桐乡市；绍兴市辖的诸暨市、嵊州市；金华市辖的兰溪市、东阳市、义乌市、永康市；台州市辖的温岭市、临海市；合肥市辖的巢湖市；滁州市辖的天长市、明光市；宣城市辖的宁国市；安庆市辖的桐城市。如表5-2所示，长三角城市群具备完备的城市规模等级体系，超大城市、特大城市、大城市、中等城市和小城市的城市数目分别为1∶3∶25∶33∶4，其百分比分别为1.5%∶4.5%∶37.9%∶50%∶6%，其中，中小城市占城市总数的一半以上，长三角城市群的城市等级规模体系较为完善。

表5-2　　　　　　2015年长三角城市群各城市规模等级结构

类别	城市规模（万人）		长三角
超大城市	>1000		上海市
特大城市	500—1000		南京市、苏州市、杭州市
大城市	Ⅰ类大城市	300—500	无锡市、常州市、合肥市
	Ⅱ类大城市	100—300	江阴市、宜兴市、常熟市、张家港市、昆山市、南通市、如皋市、盐城市、扬州市、镇江市、泰州市、泰兴市、兴化市、宁波市、慈溪市、湖州市、绍兴市、诸暨市、台州市、温岭市、临海市、芜湖市
中等城市	50—100		溧阳市、太仓市、启东市、海门市、东台市、仪征市、高邮市、丹阳市、句容市、靖江市、临安市、建德市、余姚市、嘉兴市、海宁市、桐乡市、嵊州市、金华市、兰溪市、东阳市、义乌市、永康市、舟山市、巢湖市、滁州市、天长市、明光市、马鞍山市、铜陵市、安庆市、桐城市、池州市、宣城市
小城市	Ⅰ类小城市	20—50	扬中市、奉化市、平湖市、宁国市
	Ⅱ类小城市	<20	—

资料来源：根据2016年《上海统计年鉴》《江苏统计年鉴》《浙江统计年鉴》《安徽统计年鉴》等整理、计算。

(三) 京津冀城市群

依照 2015 年行政区划的划分,京津冀城市群共包括大小城市 33 个市域单元,具体有北京、天津 2 座直辖市;11 个地级市以及地级市辖的 20 个县级市,分别是石家庄市辖的辛集市、晋州市、新乐市;唐山市辖的遵化市、迁安市;廊坊市辖的霸州市、三河市;保定市辖的涿州市、定州市、安国市、高碑店市;沧州市辖的泊头市、任丘市、黄骅市、河间市;衡水市辖的冀州市、深州市;邢台市辖的南宫市、沙河市;邯郸市辖的武安市。并依照《通知》中的城市规模划分标准——城区常住人口的数据将京津冀城市群 33 座城市进行城市规模等级的划分,如表 5-3 所示。可以发现,京津冀城市群中的城市体系中缺少特大城市。城市等级的不连续,有可能造成中心城市的辐射作用难以发挥。超大城市、大城市、中等城市和小城市数目的比重为 2∶6∶20∶5,其百分比为 6.1%∶18.2%∶60.6%∶15.2%,中小城市占城市总数的 75% 以上。具体来看,京津冀两座超大城市城区常住人口超过 1000 万;按照城市规模等级划分,京津冀城市群缺少 500 万—1000 万人口的特大城市承接超大城市的城市职能;石家庄和唐山市被划分至 Ⅰ 类大城市,城区常住人口分别为 391.08 万人、309.08 万人;秦皇岛市、保定市、定州市和邯郸市划分至 Ⅱ 类大城市,城区常住人口分别为 125.93 万、275.81 万、124.35 万、161.04 万。因此,从城市等级规模角度来看,京津冀城市群急需在 Ⅰ 类大城市中培育特大城市。

表 5-3 2015 年京津冀城市各城市规模等级

类别	城市规模(万人)		京津冀
超大城市	>1000		北京市、天津市
特大城市	500—1000		—
大城市	Ⅰ类大城市	300—500	石家庄、唐山市
	Ⅱ类大城市	100—300	秦皇岛市、保定市、定州市、邯郸市

续表

类别	城市规模（万人）	京津冀
中等城市	50—100	辛集市、晋州市、新乐市、承德市、张家口市、遵化市、迁安市、廊坊市、霸州市、三河市、涿州市、高碑店市、沧州市、泊头市、任丘市、河间市、深州市、邢台市、南宫市、武安市
小城市	Ⅰ类小城市 20—50	衡水市、安国市、黄骅市、冀州市、沙河市
	Ⅱ类小城市 <20	—

资料来源：根据2016年《北京统计年鉴》《天津统计年鉴》《河北经济年鉴》等计算整理。

二 人口首位度的测度

依据常住人口数据，笔者测算了1995—2015年三大城市群的两城市首位度、四城市指数和十一城市指数。如图5-1至图5-3所示，在两城市首位度的测算结果中，1995—2015年，珠三角城市群的城市人口规模最大城市是广州，深圳超越佛山成为珠三角人口规

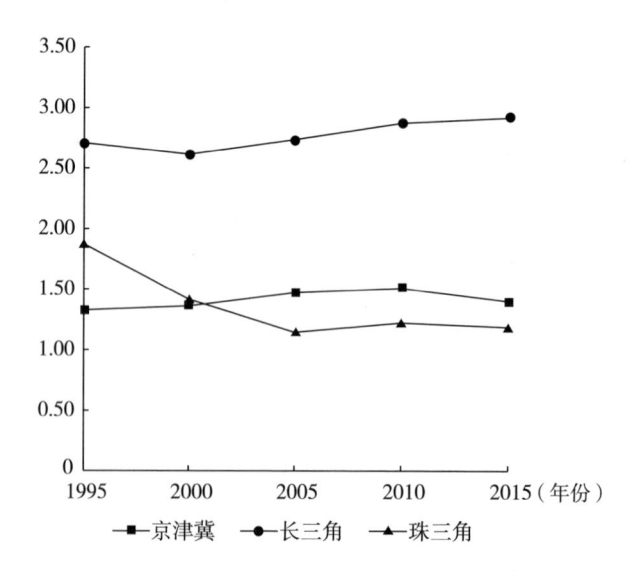

图5-1 三大城市群的两城市首位度（1995—2015年）

模第二的城市后,与广州在人口吸引方面形成竞争态势,珠三角人口首位度指标呈不断下降趋势。长三角城市群中,1995—2015年城市人口规模最大的城市是上海,城市人口规模在城市群中排名第二的是南京市,通过测算城市首位度,可以发现,上海市的城市人口不断增加,城市规模呈不断扩大的趋势,2015年上海市常住人口达到2415.3万人,上海市的首位城市地位是三大城市群中最稳定的。京津冀城市群中,城市首位度指数在[1.33,1.51]之间波动,1995—2015年,首位城市为北京市,2015年常住人口达到2170.5万人,在全国范围内,仅次于上海市的城市规模;1995年天津市人口不足千万,2015年已达到1547万人,在京津冀城市群内城市规模仅次于北京市。天津市人口数量的增速较快,已经成为京津冀城市群中第二大城市,城市首位度指数的波动区间较小也可以说明这一现象。

从四城市指数来看,珠三角城市群的四城市首位指数小于1,20年间变化幅度呈下降态势,在2005年以后降至0.5以下。2000年以后,东莞、佛山等城市的人口数量增长较多,人口流入速度较快,2015年,佛山、东莞两市人口(分别是743万人、825万人)之和超过广州市。这表明珠三角城市群内排名前四的城市对人口的吸引力差距较小。长三角城市群和京津冀城市群的行政区划构成方式均为跨省市行政区划,四城市首位指数的变化趋势较为相似。在长三角城市群中,南京、杭州、苏州等城市的人口总和未能超越上海市,四城市首位指数大于1,且在2005—2010年间存在上升趋势,这一阶段上海市对长三角其他区域的人口流动产生更强的聚集力,仅这5年间上海市常住人口增加了410万,远超过一般城市人口的流动速度。与上海相似,北京市在2005—2010年间常住人口增加速度较快,从2005年的1538万人增加至2010年的1961.9万人,5年间增加了近430万人,天津市2005—2010年常住人口从1043万人增至1299.3万人,与北京人口的增长数量存在差距,京津冀城市群内的大城市——石家庄、唐山的常住人口增速较为缓慢。从十一城市指数来看，京津冀城市群与长三角城市群的趋势线基本重叠，表明在首位城市与其后10位城市的对比中，城市人口规模之比较为接近。

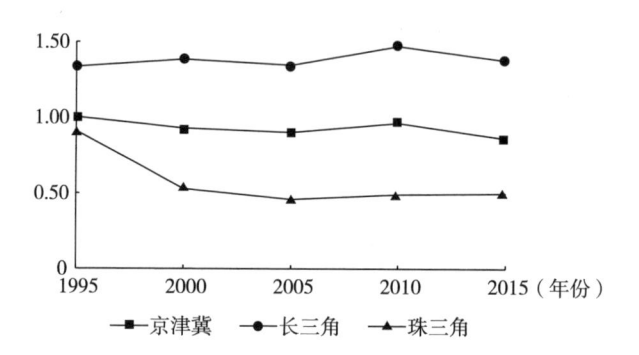

图 5-2　三大城市群的四城市首位度（1995—2015 年）

三　位序—规模回归分析（基于城区常住人口）

在以上对人口首位度的研究基础上，利用三大城市群 1995—2015 年的城区人口规模作位序—规模回归，如表 5-4 所示。可以看到，三大地区的 R^2 值均在 0.88 以上，一些年份达到 0.97。R^2 的良好结果表明回归结果较好。根据回归分析的 F 值，较大的 F 值表明回归拟合结果较好。根据回归结果，1995 年，珠三角城市群的 $|-q|$ 值接近于 1，约为 0.917；1995—2010 年 $|-q|$ 值快速下降至 0.600，2015 年，$|-q|$ 值增加为 0.633。根据齐夫法则的规律，逐渐减小且偏离 1 的 $|-q|$ 值，表明珠三角的城市规模越发分散，呈上升趋势的 $|-q|$ 值表明城市规模的集聚。这可能是由于深圳市在城市群内第二核心城市位置的凸显，对人口特别是年轻劳动力的聚集效应不断增加，不断接近广州市的人口规模，这也导致 $|-q|$ 值的逐渐偏低。1995—2000 年，长三角城市群的 $|-q|$ 值有扩大趋势，大于 1 的 $|-q|$ 值表示城市人口规模更加倾向于向首位城市集中，这与两城市首位度指标的表征一致；2000—2015 年，长三角城市群的 $|-q|$ 值呈不断缩小趋势，并不断向 1 趋近。依据齐夫法则的规律，越小的 $|-q|$ 值表明地区经济规模区域分散，并且，越接近于 1 的 $|-q|$ 表示

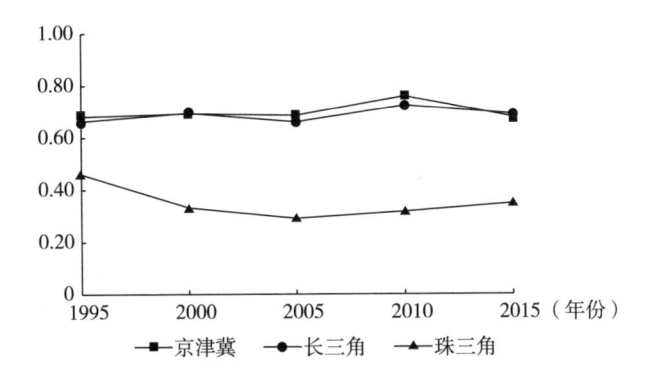

图 5-3　三大城市群的十一城市首位度（1995—2015 年）

地区经济规模分布越合理，说明长三角地区的城市体系规模逐渐趋于分散。京津冀地区的 $|-q|$ 值却从 1995 年的 1.003 不断减小，2015 年已降至 0.869，一方面说明京津冀地区的城市体系规模从较为合理的状态逐渐呈现出不均衡的状态；另一方面京津冀的双核心发展模式对于回归可能存在一定的影响。综上所述，三大城市群的 $|-q|$ 值的变化趋势各有不同，且三大城市群在 2000—2010 年的城市规模演变方式基本相似，均是以分散的城市规模格局变化，如图 5-4 所示。

表 5-4　　　1995—2015 年三大城市群位序—回归分析结果（基于城区常住人口）

地区	指标 年份	$\|-q\|$	$\log P_1$	R^2	F
珠三角	1995	0.917	6.101	0.954	249.295
	2000	0.654	5.161	0.894	101.294
	2005	0.645	5.148	0.881	89.045
	2010	0.600	5.002	0.881	89.112
	2015	0.633	5.166	0.914	127.840
长三角	1995	1.312	9.007	0.923	747.134
	2000	1.341	9.228	0.937	921.244
	2005	1.293	9.067	0.964	1651.584
	2010	1.237	8.936	0.960	1477.646
	2015	1.213	8.918	0.971	2077.996

续表

地区	指标\年份	$|-q|$	$\log P_1$	R^2	F
京津冀	1995	1.003	6.845	0.878	222.155
	2000	0.995	6.865	0.882	232.826
	2005	0.964	6.799	0.914	327.933
	2010	0.893	6.513	0.899	276.808
	2015	0.869	6.517	0.936	451.685

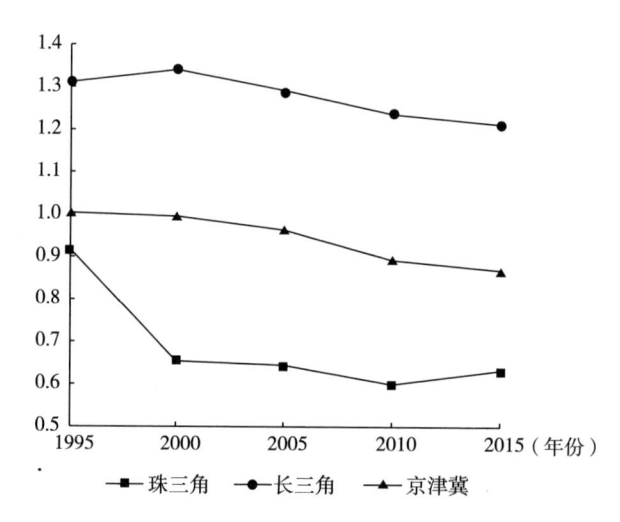

图 5-4 三大城市群城市人口等级规模演变趋势（1995—2015 年）

第三节 三大城市群空间等级规模结构测度分析
——依经济规模划分

一 经济集中度的测度

（一）珠三角城市群

从经济集中度来看，若将经济集中度划分为 4 个层次，>15%、5%—15%、3%—5% 以及 <3%。如表 5-5 所示，1995—2015 年，广

州和深圳的经济集中度在15%以上。1995年,广州市的经济集中度是珠三角城市群的首位城市,地方生产总值占比为30.50%,同时期的深圳市的地方生产总值占比为19.52%。随着深圳市与港澳合作的日益密切,2000年广深两市的经济集中度接近一致,且近年来两城市的经济集中度未拉开差距。核心城市的经济比重在城市群内从50.02%升至2015年的57.18%。第二梯队——地方生产总值占城市群的比重在5%—15%的城市包括佛山、东莞、惠州等城市,其中,佛山和东莞的经济集中度排在广州、深圳两座城市之后,这与四城市首位度指标表征一致。截至2015年年底,佛山的地区生产总值在珠三角城市群内的比重达到12.85%,东莞的地区生产总值在珠三角城市群内的比重达到10.08%;惠州的地区生产总值比重在5%左右。第三梯队——其他城市的地方生产总值占城市群的比重在3%—5%的城市包括珠海和中山两座城市。第四梯队的城市包括9个。综上所示,珠三角城市群的经济等级结构以较为稳定的"2-3-2-9"构成。

表5-5　　1995—2015年珠三角城市群各城市经济集中度　　(单位:%)

城市\年份	1995	2000	2005	2010	2015
广州	30.50	25.71	26.22	26.08	29.07
深圳	19.52	25.97	27.08	25.80	28.11
珠海	4.88	3.95	3.47	3.19	3.25
佛山	13.39	12.47	13.04	14.92	12.85
惠州	5.65	5.21	4.39	4.57	5.04
东莞	5.04	9.74	11.93	11.21	10.08
中山	3.81	4.10	4.85	4.89	4.83
江门	2.32	1.76	2.25	2.33	1.95
台山市	1.55	1.29	0.60	0.61	0.53
开平市	1.56	1.02	0.66	0.53	0.46
鹤山市	1.05	0.76	0.48	0.43	0.42

续表

年份 城市	1995	2000	2005	2010	2015
恩平市	0.94	0.50	0.30	0.25	0.24
肇庆	5.93	1.05	0.77	1.02	0.74
四会市	0.84	0.69	0.35	0.65	0.87

注：经济集中度的分母——城市群地区生产总值为珠三角城市群2个副省级城市与7个地级城市的地区生产总值之和，因此表格中各市地区生产总值之和不等于100%。

资料来源：根据历年《广东统计年鉴》及地市统计年鉴测算。

(二) 长三角城市群

相较而言，上海的经济集中度是三个城市群中最小的，这与人口首位度的表征刚好相反，这表明上海对周围区域的经济集聚效应要比广州、北京等城市小。具体来看，20世纪90年代中后期，在全国经济刚刚出现较快增长的时期，具备区位优势的上海率先成为本地区的增长极。如表5-6所示，1995—2000年，上海对外围区域的聚集效应增强，经济集中度呈上升趋势，产值比重维持在20%以上。自2001年开始，上海地区生产总值比重呈逐年下降的趋势，2015年上海地区生产总值占地区比重已降至15.27%，经济集聚力逐渐下降，经济辐射能力呈增强态势。第二梯队——地方生产总值占城市群的比重在5%—15%的城市有3—5个，1995年包括无锡、苏州、杭州；2000年宁波加入第二梯队，经济集中度为5.07%；2005年南京市加入第二梯队，经济集中度为5.18%。第三梯队的城市变化较大，1995年南京、南通、扬州、宁波、湖州、台州6个城市，2000年宁波进入第二梯队，台州经济集中度下降至2.91%。整体来看，长三角城市群的经济等级规模结构从1995年的"1-3-6-54"演化至2015年的"1-4-4-54"，上海的经济核心地位不容置疑，南京、无锡、苏州、杭州的第二梯队城市发展更加稳定，其中作为省会城市的南京和杭州对其地区外围的经济集聚效应有所增强，经济集中度的逐年上升可以说明这一点。

表 5-6　1995—2015 年长三角城市群各城市经济集中度　（单位：%）

年份 城市	1995	2000	2005	2010	2015
上海	18.35	20.75	20.13	16.81	15.27
南京	4.30	4.40	5.18	4.95	5.79
无锡	5.67	5.18	6.03	5.58	5.07
江阴	1.51	1.41	1.69	1.93	1.72
宜兴	0.97	0.78	0.78	0.78	0.77
常州	2.75	2.59	2.80	2.94	3.14
溧阳	0.46	0.35	0.38	0.41	0.44
苏州	6.73	6.64	8.66	8.90	8.63
常熟	1.18	1.11	1.46	1.40	1.22
张家港	1.42	1.16	1.52	1.55	1.33
昆山	0.75	0.87	1.57	2.02	1.83
太仓	0.63	0.67	0.63	0.70	0.65
南通	3.48	3.18	3.16	3.34	3.66
启东	0.60	0.52	0.43	0.41	0.48
如皋	0.37	0.31	0.32	0.42	0.48
海门	0.50	0.52	0.46	0.48	0.54
盐城	2.41	2.37	2.16	2.25	2.51
东台	0.47	0.40	0.36	0.37	0.40
扬州	4.51	2.04	1.98	2.15	2.39
仪征	0.34	0.26	0.23	0.27	0.24
高邮	0.26	0.24	0.23	0.25	0.29
镇江	2.13	1.95	1.87	1.92	2.09
丹阳	0.60	0.60	0.55	1.97	0.64
扬中	0.29	0.25	0.23	0.24	0.28
句容	0.31	0.26	0.23	0.23	0.28
泰州	0.30	1.75	0.49	0.53	2.20
兴化	0.37	0.32	0.32	0.37	0.40
靖江	0.42	0.29	0.29	0.43	0.45
泰兴	0.57	0.40	0.37	0.39	0.44
杭州	5.68	5.96	6.33	5.73	5.98

续表

年份 城市	1995	2000	2005	2010	2015
临安	0.40	0.36	0.29	0.28	0.28
建德	0.29	0.29	0.21	0.18	0.19
宁波	4.75	5.07	5.26	4.98	4.76
余姚	0.67	0.64	0.64	0.55	0.49
慈溪	0.74	0.71	0.81	0.73	0.68
奉化	0.26	0.24	0.27	0.22	0.19
嘉兴	2.39	2.33	2.49	2.22	2.09
平湖	0.30	0.33	0.37	0.33	0.29
海宁	0.51	0.51	0.47	0.44	0.42
桐乡	0.54	0.49	0.42	0.39	0.39
湖州	1.69	1.63	1.38	1.25	1.24
绍兴	3.06	3.36	0.56	2.69	2.66
诸暨	0.68	0.68	0.70	0.60	0.61
嵊州	0.37	0.41	0.30	0.26	0.26
金华	2.54	2.36	2.29	2.03	2.03
义乌	0.67	0.51	0.65	0.60	0.62
永康	0.29	0.32	0.34	0.30	0.29
舟山	0.55	0.49	0.60	0.62	0.65
台州	3.04	2.91	2.69	2.34	2.12
温岭	0.72	0.78	0.66	0.56	0.49
临海	0.44	0.35	0.35	0.32	0.28
合肥	1.25	1.40	1.83	2.60	3.37
巢湖	0.27	0.82	0.65	0.61	0.15
滁州	1.16	1.10	0.71	0.67	0.78
天长	0.19	0.18	0.13	0.14	0.17
明光	0.15	0.15	0.08	0.07	0.07
马鞍山	0.70	0.54	0.80	0.78	0.81
芜湖	0.75	0.86	0.86	1.07	1.46
宣城	0.24	0.69	0.54	0.51	0.58
宁国	0.16	0.14	0.12	0.13	0.14
铜陵	0.33	0.32	0.39	0.45	0.54

续表

年份 城市	1995	2000	2005	2010	2015
池州	0.14	0.25	0.24	0.29	0.32
安庆	1.29	1.09	0.92	0.95	0.84
桐城	0.12	0.15	0.12	0.13	0.14

资料来源：根据历年《上海市统计年鉴》《江苏省统计年鉴》《浙江省统计年鉴》《安徽省统计年鉴》及各地市统计年鉴测算。

（三）京津冀城市群

相较而言，北京的经济集中度是三个城市群中最高的，表明北京对城市群内其他地区的经济集聚效应最强。1995—2004年北京在京津冀地区中的产值比重呈现较快的上升趋势，2005年升至最高，达到33.37%，并在2005—2015年存在小幅度的下降，但仍保持30%以上比重。较高的经济集中度表明北京在城市群内部的集聚力不断强化。1995年，天津的经济集中度为17.62%，随着北京经济集中度的提高，2000年的天津地区生产总值比重降至16.40%；2000—2015年，随着滨海新区纳入国家级开发区，逐步发挥开发区增长极作用，带动天津全市经济增长，经济集中度逐年上升，2015年达到23.84%。截至2015年年底，2015年京津两市的经济集中度和为57.02%。同时，我们也可以看到，天津经济较快的增长"挤占"了北京，北京的经济集中度下降的时期正是天津经济集中度上升的阶段。2000年以后，天津与北京齐头并进，构成京津冀地区的双核，共同对城市群内其他城市发挥聚集效应。这一时期，京津两市的地区产值之和占城市群地区生产总值的一半以上。同时，作为省会城市的石家庄和工业较强的唐山经济集中度逐年下降，从1995年的4.01%和3.37%降至2015年的3.52%和3.09%。这期间有所上升，却因京津两市的经济集聚作用过强难以发挥作用。京津冀城市群的经济规模结构以"2-1-1-29"演变成"2-0-2-29"，京津冀的经济集聚效应挤占了超大城市的人口与经济资源，反而使超大城市退化为大城市。经济等级规模与人口规模结构相似，缺乏第二梯队城市（见表5-7、表5-8）。

表5-7　1995—2015年京津冀城市群各城市经济集中度　（单位:%）

年份 城市	1995	2000	2005	2010	2015
北京	28.51	30.46	33.37	32.27	33.18
天津	17.62	16.40	18.70	21.09	23.84
石家庄	4.01	3.04	3.49	2.63	3.52
辛集	0.81	0.68	0.58	0.58	0.56
晋州	0.56	0.50	0.36	0.33	0.40
新乐	0.57	0.50	0.36	0.28	0.27
承德	0.39	0.51	0.49	0.53	0.41
张家口	1.35	1.12	0.86	0.90	0.54
秦皇岛	1.89	1.71	1.47	1.22	0.77
唐山	3.37	2.74	5.14	4.35	3.09
遵化	0.85	0.85	1.02	1.05	0.70
迁安	0.78	0.87	1.18	1.61	1.28
廊坊	0.69	0.60	0.65	0.76	0.58
霸州	0.63	0.58	0.53	0.55	0.53
三河	0.63	0.66	0.65	0.72	0.74
保定	1.47	1.50	1.11	1.34	1.35
涿州	0.61	0.53	0.41	0.38	0.38
定州	0.63	0.59	0.47	0.41	0.43
安国	0.28	0.29	0.17	0.16	0.16
高碑店	0.39	0.45	0.41	0.20	0.18
沧州	0.58	0.25	0.70	1.17	0.53
泊头	0.44	0.28	0.38	0.27	0.28
任丘	0.55	0.68	1.44	0.94	0.81
黄骅	0.53	0.48	0.34	0.37	0.36
河间	0.59	0.61	0.50	0.39	0.38
衡水	0.51	0.57	0.51	0.44	0.19
冀州	0.34	0.31	0.25	0.16	0.13
深州	0.38	0.38	0.32	0.21	0.20
邢台	0.51	0.19	0.64	0.51	0.30
南宫	0.27	0.22	0.18	0.14	0.15

续表

年份 城市	1995	2000	2005	2010	2015
沙河	0.37	0.36	0.36	0.37	0.33
邯郸	1.87	1.54	1.48	1.16	1.02
武安	0.76	0.65	1.13	1.03	0.87

注：经济集中度的分母——城市群地区生产总值为北京、天津和河北三地的地区生产总值之和，因此表格中各市地区生产总值之和不等于100%。

资料来源：根据历年《北京市统计年鉴》《天津市统计年鉴》《河北统计年鉴》及各地市统计年鉴测算。

表 5-8　　1995—2015年三大城市群城市等级结构划分

地区	城市数/个　地区产值占比（％） 年　份	>15	5—15	3—5	<3
珠三角	1995	1	5	1	7
	2000	2	3	2	9
	2005	2	3	2	9
	2010	3	2	2	9
	2015	2	3	2	9
长三角	1995	1	3	6	54
	2000	1	4	3	55
	2005	1	5	1	56
	2010	1	3	3	56
	2015	1	4	4	54
京津冀	1995	2	1	1	29
	2000	2	0	2	29
	2005	2	1	1	29
	2010	2	1	1	29
	2015	2	0	2	29

二　位序—规模回归分析（基于地方生产总值）

基于上述分析，运用三大城市群1995—2015年的城市地区生产

总值作位序—规模回归,如表 5-9 所示。可以看到,三大城市群的 R^2 值均在 0.89 以上,一些年份达到 0.97。R^2 的良好结果表明回归结果较好。从回归分析的 F 值可以发现,较大的 F 值表明回归分析的拟合效果较好。自 1995 年,珠三角城市群的经济规模结构呈现分散状态,$|-q|$ 值小于 1。1995 年 $|-q|$ 值约为 0.637,2000—2005 年从 0.639 降至 0.460,帕累托指数较大幅度的下降,表明存在第二个城市与首位城市竞争,深圳市在这一时间段的经济集中度超过广州市,成为地区生产总值最高的城市,随后保持较为稳定的经济规模结构,2015 年 $|-q|$ 值为 0.459。根据齐夫法则的规律,小于 1 的 $|-q|$ 值,表明珠三角的经济规模越发分散。长三角城市群的 $|-q|$ 值的变化呈波动下降的趋势。依据齐夫法则的规律,越小的 $|-q|$ 值表明地区经济规模区域分散。1995—2000 年帕累托指数一度上升至 0.818,经济等级规模有所集中,而后呈缓慢下降趋势,较为稳定的帕累托指数表明城市群内经济等级规模的稳定。京津冀地区的 $|-q|$ 值呈线性下降趋势,从 1995 年的 0.788 下降至 2015 年的 0.664,一方面说明京津冀地区的城市体系规模从较为合理的状态逐渐呈现出不均衡的状态;另一方面京津冀的双核心发展模式对于回归可能存在一定的影响。综上所述,三大城市群的 $|-q|$ 值均呈减小趋势,表明了三大城市群的经济等级规模呈分散趋势(见图 5-5)。

表 5-9　　1995—2015 年三大城市群位序—回归分析结果

(基于地方生产总值)

地区	指标 年份	$|-q|$	$\log P_1$	R^2	F
珠三角	1995	0.637	5.071	0.898	105.627
	2000	0.639	5.146	0.974	445.881
	2005	0.460	4.591	0.900	108.133
	2010	0.464	4.971	0.895	102.099
	2015	0.459	5.150	0.910	121.041

续表

地区	指标 年份	$|-q|$	$\log P_1$	R^2	F
长三角	1995	0.795	6.902	0.940	977.271
	2000	0.818	7.457	0.952	1232.986
	2005	0.773	7.707	0.943	1031.960
	2010	0.757	8.261	0.918	693.124
	2015	0.756	8.620	0.919	704.907
京津冀	1995	0.788	5.574	0.945	530.204
	2000	0.761	5.899	0.943	511.095
	2005	0.722	6.260	0.958	712.556
	2010	0.683	6.502	0.955	660.066
	2015	0.664	6.601	0.948	565.145

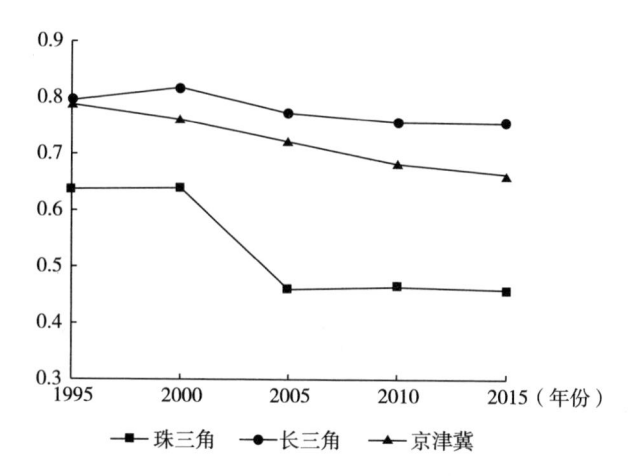

图 5-5　1995—2015 年三大城市群城市经济等级规模演变趋势

第四节　三大城市群等级规模结构的对比分析

一　珠三角和长三角人口等级规模结构呈纺锤形，京津冀缺失超大城市

从人口规模等级体系角度来看，珠三角和长三角城市群是两种不同的城市规模等级体系。珠三角城市群是较明显的人口双中心等级体系；长三角城市群是突出的人口单中心等级体系；京津冀城市群的人口等级规模体系表现为人口双中心等级体系，但其等级体系中缺少人口规模的特大城市。通过对三大城市群人口等级规模结构的刻画，可以发现，珠三角城市群和长三角城市群的等级规模结构呈纺锤形。这一形状是城市群人口等级规模结构在空间上比较优异的形态。城市群依托超大城市—特大城市—大城市—中等城市—小城市的五级人口等级形成相应的行业分工和地域劳动分工形态。等级规模结构中每一个层级都有其重要的功能。缺失其中一个层级，将会导致集聚效应和外部效应产生扭曲。京津冀城市群缺失超大城市，亟须培育下一层级的大城市——石家庄和唐山成为超大城市。河北省会城市——石家庄与京津空间距离较远，难以发挥其省会行政优势，在承接京津产业和技术上存在较大劣势。唐山与京津空间距离较近，以重工业为主，在承接京津产业上存在较大的优势，但其重工业引致的居住环境较差、基础设施与京津存在较大差距，都对周围区域劳动力的吸引力不足。

二 三大城市群的人口规模等级结构处于不同演化阶段，演化路径存在相似之处

三大城市群的人口规模等级结构的形态不同，但从三大城市群人口规模等级结构的演化路径来看，三大城市群的人口等级规模演化路径基本上是城市规模逐渐趋于分散的变化过程。然而，各城市群的分散演化路径的内在机理不尽相同。"双核心"的珠三角城市群和京津冀城市群在演化过程中，主要原因在于深圳市和天津市在城市群内人口规模的不断增大；"单核心"的长三角城市群的人口规模演化路径是由于南京、无锡、苏州、杭州等次一级核心城市的人口规模的增大。三大城市群处于人口等级规模的不同阶段。长三角城市群是从人口规模高度集中向合理化演进；京津冀城市群是从人口规模合理化向分散化演进；珠三角城市群从人口规模分散向更分散演进。帕累托指数的演变趋势具有较强的解释性。长三角城市

群的$|-q|$值不断缩小趋势,并不断向 1 趋近;京津冀城市群的$|-q|$值从 1995 年的 1.003 不断减小,2015 年已降至 0.869;珠三角城市群 1995—2010 年$|-q|$值快速下降至 0.600,2015 年,$|-q|$值增加为 0.633,这可能是由于深圳市在城市群内第二核心城市位置的凸显,尤其在人口规模上,不断接近广州市的人口规模,这将导致$|-q|$值的逐渐偏低。

三 三大城市群的经济等级规模呈金字塔形,核心城市的集聚效应处于不同阶段

通过对三大城市群的经济集中度的分析,可以看到依照地区生产总值下的三大城市群经济等级规模呈明显的金字塔形。在三大城市群中,可以被列为核心增长极的城市有广州、深圳、上海、北京和天津。其中,广州市和深圳市是在城市群内经过一段时间的竞争后形成了较为稳定的双核发展模式。上海市是在城市群内毋庸置疑的核心,近年来上海市的经济规模和集聚效应不断呈减弱态势,辐射效应不断增强;城市群内次一级的核心城市——南京、杭州等城市的集聚效应不断增强。北京市作为国家首都其经济发展在很大程度上受惠于政治性和政策资源支持,这种经济发展对周边地区和城市的扩散效应很小,集聚效应却很大。天津尽管是京津冀城市群的双核之一,但由于其长期发展滞后,近些年仍处于集聚效应大于扩散效应的发展阶段。北京市和天津市仍处于竞争阶段,两个核心的经济集中度不断扩大导致城市群内其他城市的经济增长动力较弱,京津两城市对周围地区生产要素、劳动力"虹吸效应"远大于辐射效应。推动京津冀协同发展是以习近平总书记为核心的党中央做出的重大战略决策。2015 年 4 月 30 日,中央政治局会议审议并通过《京津冀协同发展规划纲要》,明确提出有序疏解北京非首都功能。国家决定建设雄安新区也是进一步落实有序疏解北京非首都功能和推动京津冀协同发展的重大举措。推动京津冀协同发展需要打破资源配置的行政壁垒,形成各城市之间合理分工和相互支撑的发展格局。

四 三大城市群的经济等级规模演变呈分散趋势

从经济集中度来看，首位城市——广州、上海、北京三个城市的经济集中度比较依次是：北京>广州>上海；若从核心城市的经济集中度比较依次是：北京+天津>广州+深圳>上海。2000年以后广州、深圳两城市已在地区生产总值这一指标上形成稳定的双核心，占城市群地区产值比重从1995年的48.10%升至2015年的58.08%；珠三角城市群的经济等级结构以"2-3-2-9"构成。上海一直以来是长三角城市群中最稳定的核心，地区生产总值比重从1995年的18.35%上升为20.75又降至15.27%，在上海的经济集聚效应不断下降的同时，南京、无锡、苏州、杭州等城市在地区中的经济集聚效应不断增强；长三角城市群的经济等级结构以"1-4-4-54"构成。京津冀城市群中，京津两市的经济集中度不断增强，2015年两市占城市群地区产值比重已升至57.02%；城市群的经济等级结构以"2-0-2-29"构成。

五 人口规模与经济规模具有较强的相关性

三大城市群的人口规模等级与经济规模等级呈较强的相关性。一般来说，城市经济的规模和经济集中度的大小很大程度决定一个城市的人口规模和就业规模。三大城市群的核心城市的经济发展动力将会不断增强，在核心城市不断发展的同时，中小城市的经济能够更快增长，可以疏解核心城市的人口压力。从人口规模划分和经济增长指标下的位序—规模回归分析，$|-q|$值均呈下降趋势，表明城市人口与经济规模趋于分散态势。珠三角城市群和京津冀城市群中，人口规模和经济规模均呈高度集中，尤其是核心城市广州—深圳、北京—天津的人口集中度较高，双核心城市的经济集中度高达55%以上；而长三角城市群的人口集中度增加，经济集中度逐年下降。

第五节 本章小结

本章从城市群的空间等级规模结构的测度入手,指出了三大城市群的人口和经济规模等级结构的形态不同。珠三角和长三角人口等级规模结构呈纺锤形,京津冀在纺锤形的人口等级结构中缺失超大城市,亟须培育经济等级规模结构均呈金字塔形,人口等级规模结构与经济等级规模结构具有较强的相关性。至此,三大城市群的空间等级规模结构演化形态与特征已基本刻画完成。

第六章 三大城市群空间职能结构演变分析

本章研究工作从城市职能的"三要素"——职能规模、职能强度以及专业化部门的差异性开展,以反映城市群内部不同城市的主导职能部门及其专业化程度。研究工作分为三部分:第一,运用区位熵划分三大城市群内部各个城市的基本职能和非基本职能。第二,依据纳尔逊指数对各城市进行职能强度和专业化部门确定的实证研究。第三,比较三大城市群内部各城市的职能规模、职能强度与专业化程度,总结三大城市群的职能结构的演变特征。

第一节 数据来源与指标选取

一 数据来源

在对城市群的职能结构研究过程中,本章将依据《中国城市统计年鉴》中关于19个行业就业人数的划分进行数据的整合。在这19个行业基础上,剔除城市的非主要职能"农林牧渔业",将其余18个行业的就业人数归并为地区的11个职能,如表6-1所示。其中,矿业、工业和建筑业职能可较好地体现一个城市第二产业职能的特征;交通通信、商业和金融业职能体现一个城市的第三产业职能,科研、行政管理和社会服务职能可较好地体现一个城市地方政府公共服务能力和与企业联合的技术研发能力。

表 6-1　　　　　　　　　　　行业的职能部门归并

职能部门归并	行业名称
矿业职能	采矿业
工业职能	制造业
	电力、燃气及水的生产和供应业
建筑业职能	建筑业
交通通信职能	交通运输、仓储及邮政业
	信息传输、计算机服务和软件业
商业职能	批发和零售业
	住宿、餐饮业
金融业职能	金融业
房地产业职能	房地产业
科研管理职能	科学研究、技术服务和地质勘查业
	水利、环境和公共设施管理业
行政职能	公共管理和社会组织
社会服务职能	教育
	卫生、社会保障和社会福利业
	文化、体育和娱乐业
其他服务职能	租赁和商业服务业
	居民服务和其他服务业

资料来源：根据年鉴整理、划分得出。

二　指标选取

（一）区位熵

熵的概念是由海格特（P. Haggett，1972）提出并应用于要素空间分布的研究中。区位熵也称为专门化率，主要反映产业部门的专业化程度。计算公式如下：

$$LQ_i = \frac{e_i/e}{E_i/E}$$

其中，LQ_i 为区位熵，e_i 为某城市部门职工人数；e 为某城市总职工数；E_i 为全国部门职工人数；E 为全国总职工数。区位熵大于 1，则该部门为城市的基本职能，区位熵小于 1，则该部门为城市的非基本职能。

（二）纳尔逊指数

纳尔逊（Nelson，1955）分类方法的公式为：

$$N_{ij} = \frac{(X_{ij} - X_j)}{Sd}$$

其中，N_{ij} 为 i 城市 j 职能部门的职能强度指数，X_{ij} 为 i 城市 j 职能部门的从业人员的比重，X_j 为全国所有城市 j 职能部门的平均从业人员的比重，Sd 为全国所有城市该职能部门从业人员比重的标准差。当 $N_{ij}<0$ 时，城市不具备该职能；当 $0 \leq N_{ij}<0.5$ 时，该职能部门为城市的一般职能；当 $0.5 \leq N_{ij}<1$ 时，该职能部门为城市的显著职能；当 $1 \leq N_{ij}<2$ 时，该职能部门为城市的主导职能；当 $N_{ij} \geq 2$ 时，该职能部门为城市的优势职能。将城市的主导职能和优势职能确定为城市专业化职能。将 $N_{ij}<0.5$、$0.5 \leq N_{ij}<1$、$1 \leq N_{ij}<2$、$N_{ij} \geq 2$ 分别确定为低、中、较高和高职能强度。

第二节　三大城市群的职能规模演变分析

一　三大城市群行业职能规模总体水平

将 2005 年和 2015 年三大城市群在 11 个行业中的就业人口的比重以及与全国行业就业人口比重的平均水平进行对比。如表 6-2 所示，2005 年，三大城市群的第三产业均较为发达，如交通通信职能、房地产业职能、其他服务职能均高于全国平均水平；而矿业职能、建筑业职能、行政职能等均低于全国平均水平。此外，珠三角城市群的工业职能、房地产业职能、金融业职能的职能规模是三大城市群中最高的；长三角城市群的建筑业职能、金融业职能、社会服务职能的职能规模是三大城市群中最高的；京津冀城市群的矿业职能、交通通信职能、商业职能、科研管理职能、行政职能、其他服务职能的职能规模是三大城市群中最高的。2015 年，三大城市群中,珠三角城市群的工业职能和长三角城市群的建筑业职能是三大城市群中规模最大的;而京津冀城市群的行业职能规模在三大城市群中的进步飞速。

表 6-2   2005—2015 年三大城市群各行业职能规模及与
全国平均水平的比较   (单位:%)

年份	职能 地区	矿业职能	工业职能	建筑业职能	交通通信职能	商业职能	金融业职能	房地产业职能	科研管理职能	行政职能	社会服务职能	其他服务职能
2005	珠三角	0.08	47.79	6.05	7.44	7.50	3.39	2.87	2.75	6.72	11.79	3.61
	长三角	0.55	39.89	8.24	6.76	9.27	3.63	1.48	3.38	7.42	15.21	4.18
	京津冀	2.48	25.37	7.47	8.71	14.76	2.61	2.48	4.26	7.47	14.80	9.59
	全国平均比重	4.43	32.45	8.65	6.31	8.07	3.17	1.44	3.54	10.34	18.32	3.28
2015	珠三角	0.05	58.71	5.62	6.98	7.56	2.31	3.57	2.96	4.34	3.32	4.57
	长三角	0.17	37.09	24.10	7.19	8.61	3.43	2.37	3.25	5.22	4.19	4.37
	京津冀	2.30	24.11	10.28	11.96	10.50	5.75	3.90	7.20	9.61	6.39	8.00
	全国平均比重	3.13	33.62	17.32	7.11	9.38	3.55	2.62	4.03	9.00	5.78	4.45

资料来源:根据历年各省(直辖市)以及地市统计年鉴数据测算。

二 三大城市群职能规模演变分析

接下来,就三大城市群的各个城市的 11 个行业就业人口测算区位熵。虽然这一方法存在很多不足之处,但它可以反映出一个城市的基本活动和非基本活动,使用这一方法行之有效,计算过程也相对简单(许学强等,2009)。通过区位熵的测算,不仅可以发现城市群职能规模的变化原因,也可以由此寻找到城市的行业发展的演变轨迹。通过测算三大城市群 11 个行业职能的区位熵,将区位熵大于 1 的结果确定为基本职能,将区位熵小于 1 的结果确定为非基本职能。

(一) 珠三角城市群

如表6-3和表6-4所示,2005年,珠三角城市群在工业、金融业、房地产业和其他服务业等具备基本职能,在矿业、社会服务业、行政等行业为非基本职能。具体来看珠三角城市群中的各个城市的职能规模的区位熵测算结果,城市群内,各城市的矿业职能、建筑业职能的区位熵较小,接近于0,矿业、建筑业职能均为非基本职能;城市群内的所有城市的工业职能均为基本职能。特别地,广州、深圳两座超大城市的交通通信、商业、房地产业职能和其他服务职能在所有城市中最强,区位熵值最高;广州市的科研管理职能是众多城市中最高的;城市群内大多数城市的金融业均呈较高水平:佛山、江门、东莞和中山的金融业职能均是基本职能,广州、深圳和肇庆的金融业区位熵也接近于1;肇庆和东莞的行政职能为基本职能。

表6-3　　2005年珠三角城市群各行业职能区位熵

职能地区	矿业职能	工业职能	建筑业职能	交通通信职能	商业职能	金融业职能	房地产业职能	科研管理职能	行政职能	社会服务职能	其他服务职能
广州	0.02	1.13	0.80	1.85	1.28	0.97	1.93	1.12	0.60	0.75	1.41
深圳	0.01	1.44	0.84	1.26	1.17	0.99	4.00	0.75	0.50	0.35	1.68
珠海	0.02	2.11	0.32	0.65	0.69	0.59	1.34	0.49	0.51	0.33	0.64
佛山	0.03	1.43	0.81	0.79	0.70	1.96	0.84	0.56	0.78	0.88	0.74
江门	0.00	1.50	0.86	0.59	0.52	1.20	0.47	0.73	0.94	0.97	0.47
肇庆	0.12	1.21	0.53	0.79	0.69	0.95	0.76	0.74	1.24	1.31	0.47
惠州	0.01	2.18	0.52	0.36	0.28	0.50	0.86	0.44	0.56	0.48	0.36
东莞	0.01	1.26	0.07	0.98	0.42	2.94	0.18	0.33	1.44	1.23	0.28
中山	0.00	1.85	0.36	0.63	0.46	1.46	0.45	0.62	0.59	0.76	0.50
珠三角城市群	0.02	1.47	0.70	1.18	0.93	1.07	1.99	0.78	0.65	0.64	1.10

资料来源:根据2006年《广东统计年鉴》《中国城市统计年鉴》数据测算。

2015年，珠三角城市群的基本行业职能仅包括工业职能、房地产业职能和其他服务职能，金融业的区位熵下降至0.65，成为非基本职能，这可能是由于珠三角城市群的经济增长主要依赖对外贸易来实现，全球经济下行和较为明显的衰退会最先冲击珠三角城市群，导致金融行业就业人数衰减。2015年，除了省会城市——广州市的工业职能区位熵小于1，为非基本职能，其他城市的工业职能均为基本职能，除珠海市外，其他城市的工业职能的区位熵均呈扩大趋势。特殊地，广州市的交通通信、商业、房地产业、科研管理和其他服务职能的区位熵均呈增长趋势，一些非基本职能的行业——行政和社会服务职能的区位熵有所扩大；深圳市的工业、交通通信、房地产业和其他服务职能均为基本职能，除了工业职能外，其他行业的区位熵指数均呈下降趋势，深圳市的行业职能规模较广州市有所减弱。

表6-4　　　　2015年珠三角城市群各行业职能区位熵

职能 地区	矿业职能	工业职能	建筑业职能	交通通信职能	商业职能	金融业职能	房地产业职能	科研管理职能	行政职能	社会服务职能	其他服务职能
广州	0.00	0.89	0.48	1.90	1.33	0.79	2.45	1.91	0.65	0.97	1.69
深圳	0.03	1.65	0.39	1.23	0.88	0.62	1.65	0.55	0.34	0.32	1.55
珠海	0.02	1.69	0.49	0.93	0.84	0.75	1.60	0.69	0.53	0.46	0.69
佛山	0.01	2.21	0.20	0.47	0.51	0.49	0.79	0.43	0.42	0.56	0.38
江门	0.00	1.70	0.49	0.60	0.72	1.06	0.49	0.49	0.97	0.95	0.30
肇庆	0.13	1.69	0.29	0.54	0.71	0.82	0.77	0.53	1.28	1.29	0.28
惠州	0.02	2.16	0.10	0.48	0.42	1.00	0.70	0.37	0.76	0.62	0.22
东莞	0.00	2.43	0.12	0.25	0.42	0.40	0.40	0.18	0.28	0.40	0.53
中山	0.00	2.25	0.19	0.39	0.62	0.53	0.91	0.22	0.33	0.47	0.35
珠三角城市群	0.02	1.75	0.32	0.98	0.81	0.65	1.36	0.73	0.48	0.57	1.03

资料来源：根据2016年《广东统计年鉴》《中国城市统计年鉴》数据测算。

(二) 长三角城市群

如表6-5和表6-6所示，2005年，长三角城市群的基本职能包括房地产业职能、其他服务职能、工业职能、交通通信职能、商业职能、金融业职能；非基本职能包括矿业职能、建筑业职能、科研管理职能、行政管理职能和社会服务职能。具体来看各个城市的职能规模的发展。2005年，上海在工业的发展上具备较强实力，工业职能作为其基本职能，区位熵值达到1.06，作为超级大城市，交通通信职能、商业职能、金融业职能、房地产业职能、科研管理职能和其他服务职能等第三产业行业均呈较大规模。而对于大城市和具备省会功能的南京、杭州和合肥三座城市，南京市的工业职能、交通通信职能、房地产业职能和科研管理职能较强，是城市的基本职能；杭州市的工业职能、交通通信职能、商业职能、房地产业职能、科研管理职能和其他服务职能均呈较大规模；较南京和杭州两个省会城市，合肥市在人口规模上低于两座城市，在行业规模上也呈较大的不同，在建筑业、行政职能和社会服务职能上呈较大行业规模。

表6-5　　　　2005年长三角城市群各行业职能区位熵

职能 地区	矿业职能	工业职能	建筑业职能	交通通信职能	商业职能	金融业职能	房地产业职能	科研管理职能	行政职能	社会服务职能	其他服务职能
上海	0.00	1.06	0.54	1.52	2.11	1.15	1.71	1.19	0.41	0.58	2.84
南京	0.12	1.17	0.63	1.73	0.94	0.98	1.14	1.59	0.71	0.95	0.74
无锡	0.00	1.57	0.24	0.91	0.88	1.23	0.77	0.94	0.70	0.90	0.62
常州	0.03	1.56	0.28	0.91	0.86	1.11	0.58	0.81	0.76	0.97	0.47
苏州	0.00	2.08	0.11	0.52	0.61	0.88	0.50	0.47	0.61	0.58	0.42
南通	0.06	1.58	0.38	0.83	0.61	1.00	0.48	0.51	0.80	1.09	0.37
盐城	0.38	1.01	1.26	0.82	0.90	1.77	0.31	0.70	0.97	1.22	0.42
扬州	1.28	1.23	0.82	0.77	0.66	1.10	0.67	0.84	0.90	1.05	0.39
镇江	0.20	1.26	0.59	1.04	0.93	1.45	0.84	0.98	0.88	0.97	0.86
泰州	0.00	1.24	0.76	0.73	0.74	1.41	0.68	0.69	1.03	1.20	0.64

续表

职能\地区	矿业职能	工业职能	建筑业职能	交通通信职能	商业职能	金融业职能	房地产业职能	科研管理职能	行政职能	社会服务职能	其他服务职能
杭州	0.02	1.18	0.79	1.18	1.04	1.23	1.17	1.21	0.75	0.93	1.31
宁波	0.01	1.11	2.69	0.78	0.73	1.24	0.64	0.71	0.66	0.73	0.74
嘉兴	0.01	2.13	0.35	0.27	0.45	0.88	0.77	0.48	0.50	0.55	0.47
湖州	0.79	1.36	0.81	0.60	0.49	1.26	0.63	0.68	1.02	0.78	1.69
绍兴	0.09	1.29	3.33	0.36	0.48	0.85	0.30	0.35	0.51	0.65	0.33
金华	0.01	0.75	2.82	0.81	0.57	1.29	0.49	0.93	1.06	1.04	1.10
舟山	0.15	0.83	1.09	1.49	1.01	1.50	1.81	0.84	1.46	0.97	0.74
台州	0.04	0.64	3.19	0.61	0.83	1.58	0.97	0.82	0.97	1.06	0.66
合肥	0.08	0.81	1.26	1.37	0.91	0.95	1.41	1.51	1.16	1.25	0.35
芜湖	0.03	1.25	1.86	1.07	0.53	0.88	0.67	0.80	0.87	0.86	0.22
马鞍山	2.72	1.46	0.69	0.57	0.41	0.92	0.33	0.95	0.80	0.67	0.21
铜陵	0.52	1.60	0.85	0.71	0.71	0.87	0.66	0.67	0.98	0.60	0.29
安庆	0.13	0.67	0.43	1.10	1.02	1.29	0.57	0.92	1.73	1.73	0.28
滁州	0.60	0.76	0.93	1.03	0.84	1.08	0.35	1.08	1.59	1.45	0.22
池州	0.62	0.53	0.80	0.58	0.62	1.82	0.33	1.09	2.03	1.71	0.59
宣城	0.16	0.99	0.25	0.79	0.48	1.44	0.30	0.36	2.17	1.49	0.13
长三角城市群	0.12	1.23	0.95	1.07	1.15	1.15	1.03	0.96	0.72	0.83	1.27

资料来源：根据 2006 年《上海市统计年鉴》《江苏省统计年鉴》《浙江省统计年鉴》《安徽省统计年鉴》《中国城市统计年鉴》数据测算。

表 6-6　　2015 年长三角城市群各行业职能区位熵

职能\地区	矿业职能	工业职能	建筑业职能	交通通信职能	商业职能	金融业职能	房地产业职能	科研管理职能	行政职能	社会服务职能	其他服务职能
上海	0.00	0.91	0.30	1.87	1.85	1.39	1.60	1.26	0.51	0.71	2.36
南京	0.05	0.82	1.28	2.07	1.23	0.60	1.05	1.27	0.52	0.78	1.07

续表

职能 地区	矿业职能	工业职能	建筑业职能	交通通信职能	商业职能	金融业职能	房地产业职能	科研管理职能	行政职能	社会服务职能	其他服务职能
无锡	0.00	1.82	0.49	0.74	0.73	0.82	0.72	0.59	0.53	0.75	0.46
常州	0.00	1.58	0.73	0.58	0.63	1.02	0.60	0.93	0.69	1.04	0.72
苏州	0.01	2.15	0.31	0.53	0.55	0.59	0.74	0.39	0.37	0.43	0.43
南通	0.00	0.71	3.54	0.27	0.24	0.55	0.22	0.37	0.31	0.37	0.39
盐城	0.06	0.97	2.13	0.60	0.48	0.95	0.50	0.56	0.81	0.89	0.49
扬州	0.33	0.87	2.87	0.48	0.29	0.46	0.36	0.51	0.48	0.55	0.44
镇江	0.09	1.66	0.59	0.53	0.53	1.07	0.89	0.98	0.82	0.91	0.50
泰州	0.00	0.89	2.96	0.46	0.31	0.54	0.32	0.33	0.46	0.53	0.32
杭州	0.02	0.77	1.72	1.17	1.01	1.11	1.43	1.07	0.57	0.86	0.98
宁波	0.00	1.40	1.12	0.70	0.57	1.33	0.60	0.56	0.67	0.79	0.95
嘉兴	0.00	1.87	0.43	0.44	0.48	0.87	0.87	0.64	0.65	0.85	0.74
湖州	0.08	1.23	1.64	0.38	0.62	1.15	0.59	0.55	0.78	0.87	0.33
绍兴	0.05	0.80	3.33	0.23	0.27	0.53	0.21	0.35	0.37	0.53	0.19
金华	0.01	0.55	3.06	0.50	0.31	1.05	0.28	0.58	0.88	0.90	0.49
舟山	0.15	0.72	0.92	1.48	2.86	0.61	0.78	0.57	0.65	0.65	1.31
台州	0.00	0.99	2.31	0.32	0.35	1.42	0.45	0.48	0.79	0.78	0.30
合肥	0.02	0.85	2.03	1.10	0.85	0.71	0.95	0.89	0.60	0.79	0.41
芜湖	0.01	1.33	0.93	1.12	0.80	1.00	0.73	0.74	0.88	1.05	0.28
马鞍	3.58	1.03	0.92	0.67	0.37	1.47	0.51	0.89	1.26	0.99	0.65
铜陵	0.26	1.25	1.25	0.68	0.41	0.87	1.05	0.75	1.11	1.03	0.47
安庆	0.11	1.09	0.82	0.84	0.72	1.16	1.08	0.93	1.70	1.49	0.35
滁州	0.18	1.20	0.54	0.96	0.58	1.31	0.63	1.32	1.77	1.51	0.22
池州	0.38	0.72	0.96	0.89	0.71	1.82	0.75	1.67	1.97	1.73	0.48
宣城	0.01	1.13	0.46	0.77	0.65	1.52	0.81	0.99	2.19	1.76	0.23
长三角城市群	0.06	1.10	1.39	1.01	0.92	0.97	0.90	0.81	0.58	0.72	0.98

资料来源：根据2016年《上海市统计年鉴》《江苏省统计年鉴》《浙江省统计年鉴》《安徽省统计年鉴》《中国城市统计年鉴》数据测算。

2015年，长三角城市群的基本职能包括工业职能、建筑业职能和交通通信职能。长三角城市群的商业职能、金融业职能、房地产业职能转变为该地区的非基本职能。具体来看，上海在第二产业的发展上已经不比许多大城市和小城市，工业职能的区位熵降至0.91，而第三产业，特别是商业、金融业、科研管理等行业规模的区位熵均有所提升。省会城市的行业规模也有所变化：南京市的建筑业职能、商业职能、其他服务职能成为新的基本职能；杭州市的交通通信职能、房地产业职能、科研管理职能依旧是城市的基本职能；合肥市的建筑业职能、交通通信职能为基本职能。2015年，长三角城市群中，仅马鞍山一市的采矿业仍然发展，且区位熵指数有所增强。

（三）京津冀城市群

如表6-7和表6-8所示，2005年，京津冀城市群各行业的基本职能以生产服务性职能为主，区位熵均在1以上；矿业职能、工业职能、建筑业职能、金融业职能、行政职能和社会服务职能均为该城市群的非基本职能。具体来看，北京的交通通信、商业、房地产业、科研管理和其他服务职能是其基本职能，区位熵也是城市群中最高的，首都的第三产业的比重在全国的城市产业比重中为最高，第三产业的发达程度有目共睹。天津的工业职能、交通通信职能、科研管理职能和其他服务职能为城市的基本职能，但其区位熵数值与北京形成较大差距。京津冀城市群的矿业规模是三大城市群中最多的，这主要是由于河北省众多城市的采矿业的繁盛。唐山、邯郸、邢台、张家口、承德、沧州6市的采矿业是城市发展基本职能。2015年，京津冀城市群的基本职能包括交通通信职能、商业职能、金融业职能、房地产业职能、科研管理职能、行政职能、社会服务职能和其他服务职能；非基本职能包括矿业职能、工业职能和建筑业职能。金融业、行政和社会服务职能均成为京津冀城市群近10年发展的新基本职能。具体来看，北京的金融业新增为城市的基本职能；天津的金融业、房地产业新增为城市的基本职能。京津冀城市群中,将采矿业作为基本职能的城市由 2005 年的 6 个减少到 5 个,且唐山、邢台和张家口等城市的矿业职能有所强化,区位熵数值增大。

表 6-7　　2005 年京津冀城市群各行业职能区位熵

职能 地区	矿业职能	工业职能	建筑业职能	交通通信职能	商业职能	金融业职能	房地产业职能	科研管理职能	行政职能	社会服务职能	其他服务职能
北京	0.06	0.61	0.97	1.67	2.64	0.61	2.71	1.34	0.35	0.56	4.70
天津	0.85	1.29	0.55	1.16	0.95	0.84	0.83	1.30	0.67	0.75	1.70
石家庄	0.17	1.06	0.71	1.19	1.23	1.08	0.31	1.22	1.13	1.10	0.42
唐山	3.09	1.08	0.60	0.87	0.55	1.18	0.31	0.73	0.94	0.99	0.52
秦皇岛	0.20	0.93	0.56	2.15	0.51	1.69	0.48	1.28	1.22	1.17	0.53
邯郸	3.09	0.80	0.87	0.70	0.83	1.00	0.35	0.85	1.21	1.15	0.30
邢台	1.68	0.72	0.41	0.71	0.82	1.37	0.39	0.78	1.76	1.53	0.23
保定	0.09	0.81	1.49	0.74	0.74	1.17	0.22	1.17	1.44	1.41	0.27
张家口	1.19	0.88	0.71	0.96	0.98	1.01	0.92	0.75	1.58	1.16	0.40
承德	1.31	0.82	0.34	1.09	0.70	1.11	0.31	0.74	1.75	1.43	0.38
沧州	1.70	0.62	1.43	0.96	0.67	1.07	0.29	0.48	1.53	1.32	0.98
廊坊	0.00	0.69	0.55	0.71	0.60	1.21	1.30	1.54	1.95	1.71	0.27
衡水	0.00	0.80	0.33	1.03	1.09	1.72	0.42	0.58	1.78	1.56	0.27
京津冀城市群	0.56	0.78	0.86	1.38	1.83	0.83	1.72	1.20	0.72	0.81	2.92

资料来源:根据 2006 年《北京市统计年鉴》《天津市统计年鉴》《河北统计年鉴》《中国城市统计年鉴》数据测算。

表 6-8　　2015 年京津冀城市群各行业职能区位熵

职能 地区	矿业职能	工业职能	建筑业职能	交通通信职能	商业职能	金融业职能	房地产业职能	科研管理职能	行政职能	社会服务职能	其他服务职能
北京	0.23	0.41	0.36	2.48	1.57	1.83	2.22	2.37	0.72	1.08	2.76
天津	0.75	1.24	0.62	0.99	0.89	1.24	1.02	1.39	0.66	0.75	1.56
石家庄	0.12	0.90	0.57	1.57	0.88	1.77	0.73	1.70	1.42	1.44	0.94

续表

职能 地区	矿业职能	工业职能	建筑业职能	交通通信职能	商业职能	金融业职能	房地产业职能	科研管理职能	行政职能	社会服务职能	其他服务职能
唐山	4.39	0.98	0.48	1.06	0.65	1.41	0.79	0.80	1.40	1.10	0.49
秦皇岛	0.04	0.93	0.52	1.85	0.56	1.79	1.08	1.12	1.81	1.59	0.49
邯郸	2.95	0.78	1.11	0.79	0.50	1.23	0.59	1.02	1.66	1.28	0.60
邢台	2.06	0.91	0.71	0.53	0.59	1.34	0.78	0.96	2.33	1.47	0.25
保定	0.01	0.83	1.91	0.49	0.48	1.23	0.50	1.51	1.36	0.98	0.26
张家口	1.78	0.64	0.41	0.98	0.79	1.52	1.21	1.58	2.66	1.59	0.76
承德	0.01	0.66	0.77	0.88	0.72	2.81	0.50	1.31	2.31	1.76	0.88
沧州	1.80	0.68	0.84	0.80	0.59	1.83	0.58	0.77	2.08	1.55	1.60
廊坊	0.00	1.18	0.68	0.88	0.46	1.11	1.50	1.15	1.88	1.00	0.62
衡水	0.00	0.78	0.99	1.03	0.96	1.91	0.68	0.77	2.05	1.58	0.25
京津冀城市群	0.73	0.72	0.59	1.68	1.12	1.62	1.49	1.78	1.07	1.11	1.80

资料来源：根据 2016 年《北京市统计年鉴》《天津市统计年鉴》《河北统计年鉴》《中国城市统计年鉴》数据测算。

第三节 三大城市群职能强度与专业化部门演变分析

一 三大城市群的职能强度的测度

根据测算的纳尔逊指数，首先，对纳尔逊指数进行层级的划分，当 $N_{ij}<0$ 时，城市不具备该职能；当 $0 \leqslant N_{ij}<0.5$ 时，该职能部门为城市的一般职能；当 $0.5 \leqslant N_{ij}<1$ 时，该职能部门为城市的显著职能；当 $1 \leqslant N_{ij}<2$ 时，该职能部门为城市的主导职能；当 $N_{ij} \geqslant 2$ 时，该职能部门为城市的优势职能。其次，将城市的主导职能和优势职能确定为城市专业化职能，把 $N_{ij}<0.5$、$0.5 \leqslant N_{ij}<1$、$1 \leqslant N_{ij}<2$、$N_{ij} \geqslant 2$ 分别确定为低、中、较高和高职能强度。笔者将 2005 年和 2015 年三大城市群

各城市的 9 个职能按低、中、较高和高职能强度绘制在地图中。

二 三大城市群的职能部门与专业化演变分析

（一）珠三角城市群

从工业职能来看，珠三角城市群的工业职能的专业化部门从 3 个增加至 6 个，环绕着广州市和深圳市的佛山、惠州、东莞、中山等城市的工业均是基本职能行业。对于广州市来讲，省会城市的城市功能与行业职能具备较为丰富和较高的职能强度，各行业部门实现较强的地方专业化。2005 年，广州市的 7 个部门是该城市的优势职能，包括生产性职能——工业职能、交通通信职能和服务性职能——金融业职能、科研管理职能、行政职能、社会服务职能，这 7 个部门的纳尔逊指数均大于 2，为高职能强度，商业和其他服务职能强度为较高职能强度。深圳市的城市功能在城市群内部也较为突出，但与广州市相比，仍有一定的距离。工业、金融业和房地产业是深圳市的专业化部门，为城市的优势职能；建筑业、交通通信职业、商业和科研管理等部门是该城市的主导职能。城市群内部其他城市的职能相对较为单一。例如，因邻近广州，与其有较强的经济联系，佛山的工业和金融业具备优势；工业职能是珠海市的主导职能。2015 年，广州市的职能结构未发生变化，建筑业和金融业的职能强度减弱；与此同时，深圳的交通通信业、行政管理、社会服务业以及其他服务业的职能强度均呈增强态势，9 个行业中有 6 个行业部门是优势行业，具备高强度职能。同时，佛山、惠州、东莞和中山的工业发展呈良好态势。

（二）长三角城市群

长三角城市群中，仅具备矿业基础的马鞍山市具备矿业职能，其他城市均不具备矿业职能，纳尔逊指数均为负。对于上海市来讲，核心城市的城市功能与行业职能具备较为丰富和较高的职能强度，各行业部门实现较强的地方专业化。2005 年，上海市其余 10 个部门都是该城市的优势职能，其纳尔逊指数均大于 2，为高职能强度。次一级的核心城市——南京和杭州两座城市既在交通通信和科研管理等生产性服务行业具备较强的职能强度，又在金融业、社会服务业等第三产业具备一定的优势，这样既实现了与上一等级的超大城市的服务网络，又实现了作为本地区核心的扩散功能。城市群内部其他城市的职能也相对单一。例如，苏州的工业职能为其优势职能，宁波的建筑业是其优势职能。2015年，上海市的建筑业职能强度减弱，其他职能结构未发生变化；与此同时，南京市与杭州市的各职能呈现了较为丰富和多样化的特征。两城市除矿业职能外的其他职能均为本市的优势职能。此外，合肥市的省会功能有所表现，建筑业、交通通信业和行政管理和社会服务业均有一定的发展，特别是建筑业已成为该市的优势职能。

（三）京津冀城市群

京津冀城市群内部，北京市和天津市的城市职能结构是多样化的。2005年，除矿业职能外，北京市的10个行业中，包括交通通信、商业、房地产业、科研管理等城市基本职能和包括工业、建筑业、金融业、行政管理、社会服务业等城市非基本职能均为城市的优势行业，纳尔逊指数均大于2。除房地产业外，天津市的10个行业均为城市的主导行业，纳尔逊指数大于1。其中，矿业、工业等第二产业是城市的优势职能。城市群内其他城市的城市职能较为单一，职能强度未有较强的凸显，只有唐山和邯郸的矿业职能为其优势职能。石家庄和保定的行政职能、社会服务职能是城市的一般职能。2015年，北京市的建筑业职能变成主导职能，纳尔逊指数小于2；天津市的11个行业中，行政管理、社会服务业等非基本职能成为显著职能。特别地，除北京和天津外，石家庄、唐山、邯郸、保定等城市对政策的依赖性增强，城市的行政管理职能不仅是本地区的基本职能，也是主导职能。

总的来说，矿业职能的专业化城市是唐山、天津、邯郸，北京和天津的工业职能是城市群的优势职能，石家庄、保定和唐山的工业职能是城市的一般职能。建筑业职能的专业化部门是北京、天津和保定，交通通信职能的专业化部门依旧分布在北京、天津和石家庄等行政级别较高的城市，同交通通信职能一致，商业职能、金融业职能以及科研管理职能等服务性职能分布在北京、天津和石家庄，但石家庄的服务性职能强度较弱，纳尔逊指数小于1。房地产业职能和其他服务职能的强度与城市规模大小有关，常住人口数量较大会促使房屋价格上涨，激发服务行业就业人口增多，这两个职能基本分布在北京和天津。天津的服务性职能强度弱于北京。

第四节　三大城市群空间职能结构的对比分析

一　核心城市的职能结构多样化，超大城市的建筑业职能均弱化

城市群职能结构的变化与城市功能有较强的关系。核心城市的"去工业化"，促使核心城市的工业职能弱化。城市群需要不同等级城市在转移人口、产业的同时将部分城市功能转移。三大城市群的核心城市的职能较为丰富，以交通通信职能、商业职能、金融业职能、科研管理职能等为优势职能。广州、深圳两座城市的交通通信、商业、房地产业职能和其他服务职能在所有城市中最强，区位熵值最高；广州拥有珠三角城市群最多数量的大学和科研机构，科研管理职能是众多城市中最高的。上海的商业、金融业、科研管理等行业是其基本职能，职能强度在城市群内也是最大的；北京的交通通信、商业、房地产业、科研管理和其他服务职能是其基本职能；天津的工业职能、交通通信职能、科研管理职能和其他服务职能为城市的基本职能，然而，其职能强度与北京仍有一定的差距。2005—2015年，广州市、深圳市、上海市和北京市、天津市的建筑业职能均呈弱化趋势。

二　中小城市的职能结构较为单一，行政管理职能突出

中小城市的职能结构较为单一，以工业职能为基本职能。在核心城市的周围，需要具备不同功能性的城市。中小城市的城市职能既要基于自身的地理区位、资源禀赋、占地面积、产业结构等，也

要依赖大城市的产业转移和技术支持。由此，中小城市的城市职能多以工业职能为主，通过大城市的工业外移和技术扩散，实现城市自身的发展。然而，经济集中度排在前位的城市多以沿海城市为主，其工业职能较为突出；经济集中度排名靠后的城市多为内陆城市，以行政职能、其他社会服务职能为优势职能。

第五节　本章小结

本章运用区位熵、纳尔逊指数进行了城市群职能规模结构的实证分析。以纳尔逊指数测度三大城市群的职能规模，以纳尔逊指数划分城市群内部各城市的职能强度，确定专业化部门，发现了城市群内部核心城市的职能结构呈现多样化，超大城市的建筑业职能呈现弱化的趋势，中小城市的职能结构较为单一，行政管理职能突出。至此，三大城市群的空间职能规模结构演化形态与特征已基本刻画完成。

第七章 三大城市群内部经济空间联系演变分析

本章将基于城市群的等级结构与职能结构，进一步分析城市群内部各城市之间空间经济联系结构的演变。研究工作分为三个部分。首先，运用主成分分析方法，测度城市群内部各个城市的城市竞争力。其次，运用修正后的引力模型对各个城市之间的经济联系强度进行测算，以期得到以下两个方面的结论：第一，三大城市群中各个城市之间的经济联系的演变规律，包括大城市与小城市、小城市与小城市之间的联系；第二，对比分析三大城市群的不同层级城市的聚集效应和扩散效应。最后，对比分析三大城市群的城市竞争力、城市群内部各城市间经济联系，总结三大城市群内部经济空间联系的演变特征。

第一节 数据来源与模型构建

一 数据来源

本章研究工作运用的城市综合竞争力的相关原始数据来源于各省市统计年鉴，各地级城市、副省级城市和直辖市的指标数据均以市辖区的数据为测算依据，城市的行政区域依据2015年年底全国行政区划划分标准划定。

二 模型构建

（一）主成分分析

主成分分析法（Principal Components Analysis，PCA）是霍林特在

1933 年提出的。设研究对象包含 n 个样品，p 个指标变量（$n>p$），分别用 X_1，X_2，X_3，X_4，$\cdots$，X_P 表示，这 p 个指标变量构成向量 $X=$ (X_1，X_2，X_3，X_4，$\cdots$，X_P)。也可以将原始数据整理为矩阵形式：

$$R = \begin{vmatrix} r_{11} & r_{12} & \cdots & r_{1n} \\ r_{21} & r_{22} & \cdots & r_{2n} \\ \vdots & \vdots & \vdots & \vdots \\ r_{n1} & r_{n2} & \cdots & r_{nn} \end{vmatrix}$$

在上式中，r_{ij}（i，$j = 1$，2，$\cdots$，p）为原变量的 x_i 和 x_j 之间的相关系数，其计算公式为：

$$r_{ij} = \frac{\sum_{k=1}^{n}(x_{ki} - \bar{x_i})(x_{kj} - \bar{x_j})}{\sqrt{\sum_{k=1}^{n}(x_{ki} - \bar{x_i})^2 \sum_{k=1}^{n}(x_{kj} - \bar{x_j})^2}}$$

首先，用雅克比法求出特征值 λ_i，并使其按大小顺序排列。其次，分别求出对应特征值的特征向量 e_i。再次，计算主成分贡献率及累计贡献率以保留模型所需的主成分。最后，计算主成分载荷和其综合得分。主成分分析方法的作用是将样本的某项特征的多个指标变量转化为少数几个综合变量的多元统计方法。本部分工作要利用修正后的引力模型分析三大城市群内部的经济空间联系强度，需要借助主成分分析方法将经济社会的综合竞争力表现出来。

（二）引力模型

引力模型是空间相互作用的经典模型，顾名思义，是借鉴了牛顿的万有引力和距离衰减原理的思路。1880 年，英国人口统计学家（E. G. Raven-stein）在英国的人口迁移问题中首次应用了引力模型，通过研究英格兰和威尔士的劳动力人口迁移问题，他认为两个人口规模不同的城市，劳动力人口的迁移更多地趋向于大城市，人口的迁移量与人口数量成正比，随着距离的增加而减少，人口迁移模型为：

$$T_{ij} = A \frac{P_i P_j}{d_{ij}^b}$$

其中，T_{ij} 为从 i 地到 j 地的迁移量；P_i 和 P_j 分别为 i、j 两地的人口数量；d_{ij} 为从 i 地到 j 地的距离；b 为距离摩擦系数，b 越大，表示随着距离的增加，人口迁移的衰减速度越快。一般来说，引力模型中的距离摩擦系数取 2，即 $b=2$。A 为引力常数，一般为 1。

越来越多的学者关注引力模型，并提出不同的修正方法。影响较大的是赖利（W. J. Reily，1929）提出的零售引力模型。1949 年，Converse 据此提出了"断裂点"概念，用来分析两个节点引力方向，确定两个节点地区之间作用力分界点，具体计算公式如下：

$$d_{ik} = \frac{d_{ij}}{1+\sqrt{\frac{P_j}{P_i}}}$$

其中，d_{ik} 为从 i 节点到 k 节点的断裂点；d_{ij} 为从 i 节点到 j 节点的距离；P_i 和 P_j 分别为第 i、j 地区或城市的规模。

1970 年，托布勒（Tobler）提出，经济现象之间常常是相互作用的，且其作用的强度将随着距离的增加而递减。学术界将这种现象表述为距离衰减法则，使用距离衰减函数（Distance-decay Functions）来表示这种现象。泰勒（Taylor，1975）概括归纳了距离衰减方程的一般形式，如表 7-1 所示。

表 7-1　　　　　　　　距离衰减函数的一般形式

名称		函数	线性回归转换
一般形式		$T = ae^{-bf(d)}$	
单对数模式	常态	$T_{ij} = ae^{-bd_{ij}^2}$	$\ln T_{ij} = \ln a - bd_{ij}^2$
	指数	$T_{ij} = ae^{-bd_{ij}}$	$\ln T_{ij} = \ln a - bd_{ij}$
	平方根指数	$T_{ij} = ae^{-bd_{ij}^{0.5}}$	$\ln T_{ij} = \ln a - bd_{ij}^{0.5}$
双对数模式	帕累托模型	$T_{ij} = ae^{-b\ln d_{ij}}$	$\ln T_{ij} = la - b\ln d_{ij}$
	对数正态	$T_{ij} = ae^{(-b\ln d_{ij})^2}$	$\ln T_{ij} = \ln a - b(\ln d_{ij})^2$

资料来源：根据 Taylor 发表文章整理得到。

第七章 三大城市群内部经济空间联系演变分析

后来的研究者在运用引力模型时,在模型的不同方面进行了改进。其中,Haynes 和 Fotheringham 在 1984 年对基本引力模型进行了三处修改。

首先,考虑距离因素对模型的影响,通过指数化调整来测度距离的影响是否成比例变化。这是由于距离的有效影响并不能同研究目标成同比例变化,有时候距离的负面影响还被弱化。将距离进行指数化,d_{ij}^b 可以表示这一变化,大量的文献对指数进行了深入研究,指数 b 通常取 2,是较为合适的指数。实际经验中发现,指数 b 通常解释为与空间分离的相互作用的响应度,越大的指数 b 预示着距离的摩擦变得更为重要。因此,指数 b 也被称为距离摩擦系数。

其次,与上述的理由相似,P_i 和 P_j 也可以增加指数或权重。进行指数化处理或增加权重的目的是考虑除 P_i 和 P_j 外其他变量是否能够影响相互作用的产生和吸引。将引力常数变成城市的相对权重,分别用 W_i 和 W_j 来表示,引力模型被修改成:

$$I_{ij} = \frac{(W_i P_i)(W_j P_j)}{d_{ij}^b}$$

最后,对引力模型的修正,添加一个规模参数或是一个常数,使整个方程对真实现象模拟的符合程度成比例。通常,我们在上述引力模型的基础上乘 A,引力模型被修改成:

$$I_{ij} = A \frac{(W_i P_i)(W_j P_j)}{d_{ij}^b}$$

目前,经典引力模型的计算公式为:

$$T_{ij} = A \frac{P_i P_j}{d_{ij}^b} = A \frac{\sqrt{P_i V_i} \sqrt{P_j V_j}}{d_{ij}^b}$$

其中,T_{ij} 为两城市的经济联系强度;P_i 和 P_j 分别是 i、j 两个城市的质量指标;质量指标通常用人口数量或 GDP;实际计算中,城市质量常用人口数量与地方生产总值乘积的开方;d_{ij} 为两个城市的最短距离;b 为距离摩擦系数,设置 $b=2$。

第二节 三大城市群城市综合竞争力演变分析

一 指标选取

城市综合竞争力主要体现在一个城市在一定时期内经济、文化、社会、交通通信等各个领域所具备的实力。笔者从人口与劳动力、经济发展、居民消费、科教文卫、交通通信五个指标体系共19个指标对2005年、2015年三大城市群的县级市及县级市以上（地级市、副省级城市、直辖市）的城市综合竞争力进行测算。具体选取的指标如表7-2所示。

表7-2　　城市综合竞争力指标体系

一级指标体系	二级指标体系	指标
人口与劳动力	年末总人口	X1
	第二产业从业人口比重	X2
	第三产业从业人口比重	X3
经济发展	人均地区生产总值	X4
	地区生产总值	X5
	第二产业增加值比重	X6
	第三产业增加值比重	X7
	固定资产投资	X8
	一般公共财政收入	X9
	实际使用外资金额	X10
居民消费	社会消费品零售总额	X11
科教文卫	普通中学在校学生数	X12
	普通小学在校学生数	X13
	医院床位总数	X14
	每万人拥有医生数	X15

续表

一级指标体系	二级指标体系	指标
交通通信	移动电话年末用户数	X16
	互联网宽带接入用户数	X17
	公路客运量	X18
	公路货运量	X19

二 三大城市群城市综合竞争力测试分析

(一) 主成分分析结果

在19个城市综合竞争力评价指标体系中，部分指标存在一定的相关性，首先，对19个指标进行KMO检验（Kaiser-Meyer-Olkin）和SMC检验。KMO检验结果发现，KMO值均达到0.8以上，指标数据均适合进行主成分分析；从SMC检验结果发现，部分指标存在一定的相关性，可以进行主成分分析。其次，对2005年和2015年三大城市群的城市综合竞争力进行主成分分析，并采取对因子累计贡献率达到80%以上的因子，对变量所包含的信息进行解释。笔者利用Stata11.0软件的计算变量功能和命令计算得到三大城市群的综合竞争力的综合得分。

第一，通过主成分分析，可以分别得到三大城市群的城市综合竞争力评价的特征值、主成分贡献率、累计特征值和累计贡献率；同时，为了便于比较，对所做的主成分分析取同样数量的因子。本部分分别取前六个因子，且前六个因子的累计贡献率均达到了80%以上，实现了97%以上的累计贡献率，如表7-3至表7-8所示。从珠三角城市群内部对各城市进行的主成分分析结果来看，2005年和2015年第一个因子的特征值分别达到11.48330和12.17450，对变量解释的贡献率分别达到76.56%和81.16%，具备较高的解释能力。选取的六个因子的累计贡献率均实现了99%以上的解释能力；从长三角城市群内部对各城市进行的主成分分析结果来看，2005年和2015年第一个因子的特征值分别达到9.8126和12.10260，对变量解释的贡献率分别达到 65.42% 和 71.19%，具备较高的解释能力。选取的六个因子的累计贡献率均实现了 97% 以上的解释能力；从京津冀城市群内部对各城市进行的主成分分析结果来看，2005 年和 2015 年的第一个因子的特征值分别达到 11.03050 和 11.90220，对变量解释的贡献率分别达到 73.54% 和 70.01%，具备较高的解释能力。选取的六个因子的累计贡献率均实现了 99% 以上的解释能力。

表 7-3　2005 年珠三角城市群城市综合竞争力评价各成分特征值及成分累计贡献率

主成分因子	特征值	主成分贡献率	累计特征值	累计贡献率
1	11.48330	0.76560	11.4833	0.76560
2	1.85757	0.12380	13.3409	0.88940
3	0.66596	0.04440	14.0068	0.93380
4	0.50143	0.03340	14.5083	0.96720
5	0.18689	0.01250	14.6951	0.97970
6	0.15626	0.01040	14.8514	0.99010

表 7-4　2015 年珠三角城市群城市综合竞争力评价各成分特征值及成分累计贡献率

主成分因子	特征值	主成分贡献率	累计特征值	累计贡献率
1	12.17450	0.81160	12.1745	0.81160
2	1.31420	0.08760	13.4887	0.89920
3	0.54119	0.03610	14.0299	0.93530
4	0.49014	0.03270	14.5200	0.96800
5	0.29332	0.01960	14.8134	0.98760
6	0.08566	0.00570	14.8990	0.99330

表 7-5　　2005 年长三角城市群城市综合竞争力评价各成分特征值及成分累计贡献率

主成分因子	特征值	主成分贡献率	累计特征值	累计贡献率
1	9.81257	0.65420	9.8126	0.65420
2	1.81609	0.12110	11.6287	0.77530
3	1.73702	0.11580	13.3657	0.89110
4	0.73736	0.04920	14.1030	0.94030
5	0.33429	0.02230	14.4373	0.96260
6	0.21505	0.01430	14.6524	0.97690

表 7-6　　2015 年长三角城市群城市综合竞争力评价各成分特征值及成分累计贡献率

主成分因子	特征值	主成分贡献率	累计特征值	累计贡献率
1	12.10260	0.71190	12.1026	0.71190
2	1.33254	0.07840	13.4351	0.79030
3	1.24945	0.07350	14.6846	0.86380
4	0.80038	0.04710	15.4850	0.91090
5	0.60143	0.03540	16.0864	0.94630
6	0.44414	0.02610	16.5305	0.97240

表 7-7　　2005 年京津冀城市群城市综合竞争力评价各成分特征值及成分累计贡献率

主成分因子	特征值	主成分贡献率	累计特征值	累计贡献率
1	11.03050	0.73540	11.03050	0.73540
2	1.79567	0.11970	12.82617	0.85510
3	1.04568	0.06970	13.87185	0.92480
4	0.83366	0.05560	14.70551	0.98040
5	0.19071	0.01270	14.89622	0.99310
6	0.08163	0.00540	14.97786	0.99850

表 7-8　2015 年京津冀城市群城市综合竞争力评价
各成分特征值及成分累计贡献率

主成分因子	特征值	主成分贡献率	累计特征值	累计贡献率
1	11.90220	0.70010	11.90220	0.70010
2	2.15866	0.12700	14.06086	0.82710
3	1.37161	0.08070	15.43247	0.90780
4	0.83102	0.04890	16.26349	0.95670
5	0.60171	0.03540	16.86520	0.99210
6	0.06624	0.00390	16.93143	0.99600

第二，通过计算三大城市群内部各城市的综合竞争力的综合得分，得到部分为负的综合得分，不利于接下来运用该数据进行引力模型的运行，依据得到的综合得分，进行了"+3"的非负处理，结果如表 7-9 至表 7-11 所示。三张表刻画了三大城市群内部各个城市自 2005—2015 年综合竞争力的变化趋势。

（二）珠三角城市群

从珠三角城市群的各城市综合竞争力指数来看，2005—2015 年，广州市的综合竞争力最强，分别达到 9.40 和 9.36，虽然 2015 年略有下降，但不影响广州市在珠三角城市群中的地位；同样是副省级城市，深圳市的城市综合竞争力呈增强态势，城市综合得分分别达到 7.47 和 8.18，近 10 年来，深圳市与广州市共同构成珠三角城市群的双中心的空间结构，城市经济发展的各项指标均在城市群中位于前列，其中一些指标甚至超过广州市。从地级市层面来看，特大城市（佛山市、东莞市）和大城市（肇庆市）的城市综合竞争力均有较大幅度的上升，中山、江门市区的城市综合竞争力得分呈下降趋势，不仅如此，江门下辖的四个县级市台山、开平、鹤山和恩平的综合竞争力得分也呈下降趋势。县级城市综合发展竞争力指数的下降体现了珠三角城市群中小城市的发展动力不足。

表 7-9　　2005—2015 年珠三角城市群各城市综合竞争力指数

城市\年份	广州	深圳	珠海	佛山	惠州	东莞	中山	江门	台山
2005	9.40	7.47	2.71	4.42	2.99	3.75	2.73	2.49	0.99
2015	9.36	8.18	2.14	4.56	2.74	5.09	2.41	2.11	0.54

城市\年份	开平	鹤山	恩平	肇庆	四会				
2005	1.13	1.09	0.86	1.16	0.82				
2015	0.69	0.60	0.68	2.18	0.72				

（三）长三角城市群

从长三角城市群的各城市综合竞争力指数来看，2005—2015年，作为直辖市和城市群的核心区域，上海的城市综合竞争力在不断增强，2005 年综合得分为 15.71，2015 年已达到 18.25，核心城市的地位不容置疑。其次，南京、杭州、宁波三个副省级城市的城市竞争力也呈增强趋势，其中，南京的城市综合得分从 8.04 升至 8.64，是除上海外最具竞争力的城市；杭州的城市综合得分从 8.00 升至 9.28，2015 年城市竞争力跃至城市群内第二位；宁波的城市综合得分从 5.34 升至 6.14，副省级城市的综合竞争力也在逐渐显现。同时，作为特大城市之一的苏州市，城市综合得分呈显著增强，从 2005 年的 5.72 升至 6.40，仅次于上海、南京和杭州。22 个地级市中，浙江省和安徽省部分城市的城市竞争力呈现较强的竞争力，包括嘉兴、湖州、绍兴、金华、舟山、泰州、合肥、芜湖、池州等。然而，县级市的城市竞争力普遍呈减弱趋势。由于县级市自身城市规模较小，经济体量不大，城市竞争力的综合得分呈缩小态势。38 个县级市中，只有慈溪、义乌两个城市的城市综合竞争力是增强的。

表 7-10　2005—2015 年长三角城市群各城市综合竞争力指数

城市＼年份	上海	南京	无锡	江阴	宜兴	常州	溧阳	苏州	常熟
2005	15.71	8.04	6.05	3.27	2.56	4.76	2.15	5.72	3.18
2015	18.25	8.64	5.04	3.17	2.36	4.94	1.93	6.40	2.85
城市＼年份	张家港	昆山	太仓	南通	启东	如皋	海门	盐城	东台
2005	3.03	3.38	2.46	3.58	2.15	2.24	2.22	2.91	1.93
2015	2.90	3.35	2.29	3.48	1.97	2.05	2.06	2.96	1.92
城市＼年份	扬州	仪征	高邮	镇江	丹阳	扬中	句容	泰州	兴化
2005	3.51	1.88	1.80	2.81	2.29	1.96	1.83	2.75	2.06
2015	3.40	1.74	1.67	2.71	2.14	1.83	1.68	2.62	1.92
城市＼年份	靖江	泰兴	杭州	临安	建德	宁波	余姚	慈溪	奉化
2005	2.09	2.27	8.00	1.87	1.73	5.34	2.47	2.76	1.95
2015	1.99	1.97	9.28	1.68	1.45	6.14	2.03	2.99	1.67
城市＼年份	嘉兴	平湖	海宁	桐乡	湖州	绍兴	诸暨	嵊州	金华
2005	2.68	2.08	2.26	2.25	2.59	2.51	2.52	2.15	2.38
2015	3.09	1.73	2.01	2.02	2.66	3.87	2.33	1.70	3.26
城市＼年份	兰溪	东阳	义乌	永康	舟山	台州	温岭	临海	合肥
2005	1.80	2.19	2.71	2.05	2.24	3.08	2.45	2.21	4.37
2015	1.42	1.99	2.73	1.69	2.50	3.52	2.24	1.89	5.97
城市＼年份	巢湖	滁州	天长	明光	马鞍山	芜湖	宣城	宁国	铜陵
2005	3.28	2.83	1.51	1.37	2.63	3.09	2.41	1.65	2.57
2015	1.46	2.77	1.19	1.33	2.56	4.26	2.39	1.26	1.99
城市＼年份	池州	安庆	桐城						
2005	2.01	3.89	1.57						
2015	2.13	3.44	1.12						

(四) 京津冀城市群

从京津冀城市群的各城市综合竞争力指数来看，2005—2015年，两大直辖市北京和天津的城市综合竞争力呈此消彼长的态势。北京市的城市综合竞争力指数从2005年的13.46降至12.52，依旧是城市群最具竞争力的区域；天津市的城市综合竞争力指数从11.07升至11.70，城市的各个职能均有增强，滨海新区的发展和北京非首都功能的逐步弱化均增强了天津市的城市竞争力。在11个地级市中，超过半数以上的城市竞争力增强，包括石家庄、承德、廊坊、保定、沧州、邢台、邯郸等城市，其中，石家庄城市综合得分从3.76升至4.22。此外，20个县级市中，5个城市的城市竞争力呈明显增强态势，包括石家庄市辖的辛集，唐山市辖的迁安，廊坊市辖的三河，沧州市辖的任丘和邯郸市辖的武安。

表7-11　2005—2015年京津冀城市群各城市综合竞争力指数

城市\年份	北京	天津	石家庄	辛集	晋州	新乐	承德	张家口	秦皇岛
2005	13.46	11.07	3.76	2.15	2.11	2.06	2.29	2.55	2.72
2015	12.52	11.70	4.22	2.20	2.03	1.92	2.41	2.51	2.55

城市\年份	唐山	遵化	迁安	廊坊	霸州	三河	保定	涿州	定州
2005	3.84	2.31	2.38	2.47	2.16	2.18	2.82	2.32	2.20
2015	3.74	2.29	2.77	2.67	2.17	2.45	3.48	2.07	2.05

城市\年份	安国	高碑店	沧州	泊头	任丘	黄骅	河间	衡水	冀州
2005	2.00	2.11	2.78	2.11	2.22	2.21	2.19	2.41	2.02
2015	1.79	1.79	3.11	1.92	2.31	2.10	1.99	2.35	1.81

城市\年份	深州	邢台	南宫	沙河	邯郸	武安			
2005	2.07	2.54	1.98	2.07	3.19	2.25			
2015	1.82	2.72	1.76	2.06	3.32	2.39			

第三节　三大城市群空间经济联系演变分析

一　修正引力模型

本书依据经典引力模型，对模型进行一定的修正，使其更能合理地反映城市之间的作用力。第一，对参数进行修正。引力模型中一般将经典引力模型中的参数 A 进行如下设置：

$$A_{ij}=\frac{U_i}{U_j}$$

其中，U_i、U_j 分别为 i、j 两个城市的城镇化水平。

第二，对城市质量的修正。经典的引力模型用人口与地方生产总值表征城市的质量，显然地，这样的指标显得较为简单，本书将利用主成分分析方法构建具备城市竞争力和综合实力的指标体系，用来测度城市的质量。最终修正的公式如下：

$$T_{ij}=A_{ij}\times\frac{\sqrt{P_iV_i}\sqrt{P_jV_j}}{d_{ij}^b}=\frac{U_i}{U_j}\times\frac{\sqrt{P_iV_i}\sqrt{P_jV_j}}{d_{ij}^b}$$

其中，T_{ij} 为两城市的经济联系强度；A_{ij} 为引力参数，以两个城市的城镇化水平之比予以衡量，P_i 和 P_j 分别是 i、j 两个城市的质量指标，以两城市的城市竞争力予以衡量；d_{ij} 为两个城市的最短距离；b 为距离摩擦系数，设置 $b=2$。

二　三大城市群空间经济联系演变分析

依据本章前一部分的主成分分析结果和得到的各个城市的综合竞争力指数，运用修正后的引力模型，测算 2005 年和 2015 年内三大城市群内部各城市之间的经济联系强度，并将经济联系强度划分为四个层级，分别是大于 0.4、0.2—0.4、0.1—0.2 和 0.1 以下，并运用 Arcgis10.2 将 2005 年和 2015 年城市之间经济联系强度的前三个层级标识在图中，未标识在图中的城市之间经济联系强度均小于 0.1。

(一) 珠三角城市群

从珠三角城市群看，总的来说，以广州、深圳为核心圈层的城市联系强度逐年紧密并有增强态势。大于 0.4 的城市联系十分紧密。广州—深圳、广州—佛山、广州、东莞以及深圳和东莞的经济联系十分紧密。经测算，广州与佛山、东莞的经济联系值均较高，广州与佛山的经济联系值达到 5.971，与东莞的经济联系值达到 1.093。这一方面得益于广州省会城市的功能性，与距离东莞和佛山两市的地理距离较近，城际通车时间较短。另一方面，东莞和佛山对广州市的产业承接具备地理优势，又可利用广州市高新技术的支持。东莞承接了部分在广州市就业的居住人口，使两地经济联系更加紧密。0.2—0.4 的经济联系值，表明城市之间联系较紧密。广州—中山、广州—江门、深圳—惠州、珠海—中山、佛山—东莞、佛山—江门、中山—江门的经济联系较为紧密。其中，佛山和东莞的经济联系值达到 0.344。0.1—0.2 的经济联系值，表明城市之间经济联系紧密。广州—珠海、广州—惠州、广州—鹤山、广州—肇庆、深圳—佛山、深圳—中山、佛山—中山、佛山—鹤山、东莞—惠州、东莞—中山、江门—鹤山、泰州—开平等城市具备一定的经济联系强度，城市之间的联系在 2015 年得到加强。核心城市的辐射效应呈增强态势，尤其是对相邻小城市的辐射效应有明显增强的效果。广州市与深圳、珠海、惠州、东莞、中山、开平、鹤山、恩平、肇庆等城市的经济联系逐渐增强，其中，广州和深圳的经济联系强度值从 0.425 增至 0.620，广州与佛山、东莞的经济联系强度也大幅度提升。广州与佛山的经济联系强度值升至 8.171，与东莞的经济联系强度值升至 1.698。不仅如此，广州与中山的经济联系也非常紧密，从 0.338 增加至 0.433。深圳对珠海、惠州、东莞、中山、开平、鹤山、恩平和肇庆市的经济联系强度值亦呈增强态势。广州与深圳、佛山、东莞、中山形成较强的经济联系圈层。广州—肇庆、深圳—佛山、佛山—中山、东莞—中山几组城市间经济联系强度值从小于 0.2 的组别进入 [0.2，0.4] 的组别中。

(二) 长三角城市群

从长三角城市群中看，城市之间自 2005 年就表现出较强的联系强度和活跃程度。其中，上海市与周围城市之间的经济联系是多向发展；南京市与其东部城市联系较为紧密，而与其西部的安徽省部分城市的联系是微弱的；杭州与浙东北和江苏部分城市的经济联系较为紧密，而与其西南方向的城市的经济联系较为微弱。大于 0.4 的城市联系强度主要是上海与几个城市之间的联系，主要包括上海与无锡、苏州、昆山、太仓的密切联系；以及无锡与常州、苏州之间的密切联系；特别地，靖江和江阴两个县级市以较为成功的江阴—靖江工业园区构建了长三角城市群中最为紧密的联系，2005 年两城市的经济联系强度达到 1.459。在 [0.2, 0.4] 区间中，上海对常熟、南通、启东、杭州、嘉兴等城市的经济联系较为密切。这一方面得益于常熟、南通、启东、嘉兴等城市与上海之间的地理距离较短，城市之间的交通运输方式较为丰富；另一方面，上海周围不同等级城市的城市功能较为完备，不仅可以利用上海核心城市提供的高新技术进行产业转移，还可以进行城市之间较为密切的通勤工作。同时，在上海辐射范围内的苏州、无锡、昆山等城市，与苏南其他城市构建了较为密切的经济联系。例如，苏州与常熟、昆山之间经济联系强度值达到 0.228 和 0.223；昆山与太仓之间的经济联系强度达到 0.347。在 [0.1, 0.2] 区间中，南京、杭州等特大城市构建了与周边城市的基本联系，无锡、常州、镇江、嘉兴等大城市以及江阴、宜兴、常熟、余姚等中小城市构建了与周边城市的经济联系。核心城市的辐射效应呈增强态势，对城市附近的小城市的辐射效应有明显增强的效果。2005—2015 年，以上海为核心圈层，以南京、杭州为次一级核心圈层的城市联系强度逐年紧密并呈现较为明显的增强态势。其中，上海与长三角城市群中的所有大中小城市的经济联系强度均呈增强态势，特别是与苏州、昆山的经济联系强度达到 1.000 以上。南京市不仅与其东部城市联系更为紧密，而且与安徽省的芜湖、马鞍山等城市建立了经济联系，2015 年，南京市与芜湖市的经济联系强度达到了 0.579;杭州与浙东北和江苏部分城市也呈现更为紧密的联系程度,同时也与诸暨等城市建立了基本经济联系。不仅如此,江苏地区的各小城市之间的联系也更为紧密,江阴与张家港的经济联系度达到了 0.473,昆山和太仓的经济联系强度达到了 0.661。

(三) 京津冀城市群

京津冀城市群拥有 132 个县域单元,县级市共计 20 个,城市之间的联系程度却是三个城市群中最分散的。核心城市中北京和天津与周围城市联系的紧密程度小于广州、深圳之于珠三角城市群,上海之于长三角城市群的数值。2005 年,除北京市、天津市与周边城市建立了较为密切的联系,其他城市之间的联系均较为微弱。具体来说,大于 0.4 的经济联系是北京—天津、北京—廊坊、北京—三河。其中,北京与天津的经济联系强度最强,达到 0.812。这一关系在 2015 年得到了加强,达到 1.165。在 [0.2, 0.4] 区间内,北京—涿州、天津—唐山、辛集—晋州、涿州—高碑店、邯郸—武安、邯郸—沙河实现较为紧密的联系。其中,天津与唐山市的工业职能和交通通信职能发挥了作用。在 [0.1, 0.2] 区间内,超级大城市对大城市的基本联系存在于北京—唐山、天津—廊坊;大城市对小城市的基本联系存在于北京—霸州、北京—高碑店、天津—霸州、天津—泊头、天津—黄骅、石家庄—新乐、衡水—冀州、邢台—沙河;小城市的基本经济联系存在于定州—安国、任丘—河间、南宫—武安。2015 年,北京和天津的特大城市功能更为突出,辐射效应有所扩大。两座特大城市与 11 个地级市和 20 个县级市的经济联系强度均呈现增强趋势。其中,北京与天津的经济联系强度达到 1.165,北京与廊坊的经济联系强度达到 0.767。除北京市外,天津市与其他城市的经济联系强度值未超过 0.4。

第四节 三大城市群内部经济空间联系对比分析

一 核心城市的城市综合竞争力比较

2005—2015年，三大城市群核心城市的竞争力变化各不相同。广州—深圳的双核心模式中，广州的综合竞争力呈下降趋势，从9.40降至9.36；深圳的综合竞争力呈增强态势，从7.47增加至8.18。长三角城市群中，上海的城市综合竞争力在不断增强，2005年综合得分为15.71，2015年已达到18.25；南京、杭州、宁波三个副省级城市的城市竞争力也呈增强趋势，其中，南京的城市综合得分从8.04升至8.64，是除上海外最具竞争力的城市；杭州的城市综合得分从8.00升至9.28，2015年城市竞争力跃至城市群内第二位。京津冀城市群中，北京和天津的城市综合竞争力呈此消彼长的态势。北京市的城市综合竞争力指数从2005年的13.46降至12.52，天津市的城市综合竞争力指数从11.07升至11.70。

二 超大城市与其他城市之间的经济联系强度比较

超大城市对其他城市的经济联系强度是最大的。这主要是由于超大城市已形成中心城市职能，能够对周围城市实现经济辐射作用。对于珠三角城市群来说，广州和深圳的辐射效应是依城市规模等级依次减弱的。广州与特大城市佛山、东莞的经济联系强度大于0.4；深圳与东莞的经济联系强度最大；广州对大城市中山、江门、深圳—惠州的经济联系强度位于 [0.2，0.4] 区间内；广州与地理距离较近的鹤山市（中等城市）存在经济联系；两座超大城市对绝大部分的中小城市的经济联系强度微弱。

长三角城市群中，上海的经济辐射作用与广州、深圳不同。上海与其他城市的经济联系强度更依赖于地理区位上的邻近，这些城市的人口规模等级并不相同。以上海为核心，公路距离150千米为半径的范围内，上海与其经济联系强度达到 0.2 以上，特别是与苏州、无锡、昆山、太仓等城市的经济联系强度达到 0.4 以上。

京津冀城市群中，2005 年，北京、天津与其他城市的经济联系强度未呈现出一定的规律性。城市群内缺乏特大城市，两座超大城市与大城市——石家庄和唐山的公路距离均在 150 千米以上，经济联系微弱；与其邻近的涿州、高碑店、三河（中等城市）存在经济联系。2015 年北京与保定（大城市）、涿州、高碑店、任丘、三河（中等城市）的经济联系强度有所增强。

三 （特）大城市与其他城市的经济联系的比较

比较分析了超大城市与（特）大城市的经济空间联系强度后，再来考察（特）大城市之间，以及（特）大城市与中小城市之间的经济联系。珠三角城市群中，特大城市与大城市之间经济联系比较紧密。城市群中特大城市与大城市共 7 座，佛山—江门、佛山—中山、东莞—中山、中山—珠海之间的经济联系强度在 0.2 以上，经济联系紧密。而（特）大城市与小城市之间联系强度较为微弱。肇庆与其下辖的四座城市之间的经济联系强度接近于 0。

长三角城市群的（特）大城市之间经济联系强度是三大城市群中最高的。以特大城市南京、苏州和杭州为核心的城市圈已经形成。特别是苏州与无锡、昆山、湖州、靖江等城市之间经济联系强度在 0.2 以上。南京与杭州的经济联系圈层均呈"半圆"形状。南京与其东部各城市的经济联系较为密切，与西部城市的经济联系强度均接近 0；杭州与其东北部城市的经济联系强度较高，而与其南部和西部城市的经济联系比较微弱。特大城市的经济集聚效应还未全部释放出来。

京津冀城市群中，缺乏特大城市，省会城市石家庄的人口规模是大城市级别，但其经济联系强度与城市群内的其他地级市表现无异。石家庄对其下辖的新乐、晋州（中等城市）和距离较近的定州（大城市）存在 [0.1，0.2] 的经济联系强度。衡水、邯郸、邢台与其相邻的县级市之间存在经济联系，但联系强度在 0.2 以下。

(特)大城市并未显现明显的聚集效应。

四 小城市之间的经济联系薄弱

三大城市群共同凸显的问题是小城市之间的经济联系较为薄弱。珠三角城市群的超大城市与大城市之间的联系密切程度十分明显，与部分小城市也有一定程度的联系，但大城市与小城市之间的联系基本在 0.1 以下，经济联系薄弱。长三角城市群的大城市与小城市之间的联系，小城市之间的经济联系强度可以说是三大城市群乃至我国城市群中最强的，然而，这种联系强度仅限于沿海城市的联系，内陆地区的联系也是较微弱的。南京市与其东部城市联系较为紧密，而与其西部的安徽省部分城市的联系是微弱的；杭州与浙东北和江苏部分城市的经济联系较为紧密，而与其西南方向的城市的经济联系较为微弱。京津冀城市群中，地级市与其下辖的部分县级市存在以上的经济联系强度，但从空间格局来看，除了京津经济圈层外，尚未在其他区域形成较明显的经济圈层。

第五节 本章小结

通过本章研究工作的进行，对三大城市群内部各个城市间的经济联系有了一定的了解。在主成分分析中，对三大城市群的城市竞争力进行了测度，发现核心城市与外围城市的城市竞争力差距较大；在修正后的引力模型中，对城市群中城市间的经济联系进行了测度，发现了城市间经济联系呈等级体系或相邻关系，小城市间经济联系较为薄弱。至此，三大城市群的内部经济联系演化形态与特征已基本刻画完成。

第八章 我国城市群空间结构优化路径与对策建议

第一节 我国城市群空间结构优化路径

一 推进城市群市场一体化，降低行政壁垒

打破市场分割、建立统一市场、实现市场一体化是城市群经济发展最重要的内容之一。市场机制下城市群的形成来源于产品、劳动力、企业等在空间上的自由流动与扩张，通过市场一体化，最大化发挥城市群的规模报酬递增和集聚效应。然而，由于城市群中包含众多地方政府，经济和行政意义上的城市群边界存在差异，官员普遍面临着引资竞争和晋升激励，通过设置各类行政壁垒，限制商品和要素在地区间的流动，形成市场分割，以保持自身在区域中的产业竞争实力和职能优势，导致各地区间难以实现产业协调分工和优势互补，造成了较为严重的地方保护主义和政府间协调不足。建立区域协调机制是推进城市群市场一体化和破除行政壁垒的关键所在。目前我国城市群的行政区划分为两类，一类是省内城市群，另一类是跨省（直辖市）城市群。跨省（直辖市）城市群面临的市场分割更为严峻。跨省（直辖市）城市群需要中央政府统领规划，省内城市群需要本省政府统一规划。顶层设计通过更高行政级别实施一定程度的集权改革，有助于加强城市群内部地方政府间的协调，更好地推动城市群市场一体化。同一行政级别下的协调发展也是发

挥区域协调机制的关键所在。长三角城市群具有区域联动发展的成熟经验，从1997年开始，长三角地区各城市自发成立了城市协调会，吸纳了大量的会员城市，后加之市长联席会议，签署项合作协议。城市间的交流合作在一定程度上破除了行政壁垒，推动了城市群的产业分工和要素流动，推进了城市群市场一体化。

二 推进城市群公共服务均等化

公共服务一体化是在统一城市间教育、就业、社保、卫生等服务的基础上，追求区域内服务均等化。推动公共服务均等化的前提是城市群基础设施建设一体化，特别是城市群结构中公共交通发挥着城市间网络化连接的作用，可以率先推动公共交通及其配套基础设施的一体化。通过推进基础设施建设一体化，在交通、通信、水利等重大基础设施方面统筹规划合理布局，实现城市群内部基础设施的互联互通，最大限度地提高基础设施的利用率和规模经济效益，促进基础设施与城市群空间结构的协调发展。并以此利用大数据技术推进户籍制度、社会保障、信息等的一体化，提高城市群的公共服务水平，提升公共服务效率。一体化的重点在于建立统一的公共服务标准，实现公共服务的共享，以及实现城市群内公共服务的对接。

三 疏解核心城市的负外部效应

城市群的核心城市因人口、经济的集聚，不可避免地产生拥挤成本，在教育、住房、医疗、养老和就业方面产生较大负外部经济。一直以来，如何疏解核心城市的负外部效应是城市群内等级规模最高的核心城市的重要任务。北京、上海、广州、深圳的地方政府选择使用提高落户门槛限制劳动力的迁入，选择利用政策手段"搬离"重工业，选择建设更加完善的公共交通设施降低城市拥挤成本。同时，从城市群空间结构来看，核心城市在降低自身负外部效应时，其他城市应在吸引人才、承接产业、共享交通等基础设施上发挥积极作用，在新一轮的城市群空间结构的变化中发挥自身的优势，提高本地区的城市等级，建立具有比较优势的专业化部门。

四 锚定中小城镇独特城市职能

突出中小城市在城市群中的重要作用。中小城市是推动国民经济发展的重要力量，是优化城镇规模结构的基本单元，是新型城镇化的主要载体，中小城市在城镇体系中发挥着重要的作用。通常来说，中小城市没有较大的经济规模和人口规模，基础设施建设等外部环境较差，不适合发挥与大城市相似的城市功能，反而会因大城市的集聚效应导致资本、人口等要素的流失。然而，中小城市的自身优势不容小觑，拥有的自然资源、廉价的劳动力和土地可以吸引大城市的企业搬迁与布局。

然而，实际的测算结果表明城市群中，超大城市或特大城市与大城市之间的联系较为紧密，与中小城市的经济空间联系强度较低，有的甚至不构成一定的经济联系，也就是说，超大城市或特大城市的辐射效应并没有对小城市起到更积极的作用。相反，超大城市或特大城市由于自身的优势和城市的多样功能性，吸纳和集聚了中小城市的劳动力人口，造成了大城市极为拥挤的"城市病"，又难以发挥大城市的辐射作用。因此，对于中小城市来说，准确定位城市职能是关键。在研究过程中可以发现，以长三角城市群为例，经济集中度排名靠前的中小城市，其城市功能多以工业职能作为基本职能和优势部门，经济集中度排名靠后的城市，其城市职能多以行政职能和其他服务业职能为优势职能。中小城市的职能定位依旧应以工业职能为基本职能。

第二节 我国城市群发展的对策建议

一 中国城市群的发展理念转型

目前，我国城市群数量众多，各地政府争相规划城市群建设，扩张城市，导致我国城市群发展质量堪忧，城乡二元结构问题突出，社会贫富差距现象日趋显著，资源环境消耗巨大。近年来，各地区积极规划建设城市群，期待通过城市群的功能性实现区域经济增长的带动力。然而，在区域开发与规划中常常忽略城市群的建设，不仅依赖于政府，而更多地依赖于市场的作用。笔者以三大城市群为研究范本，发现城市群的核心城市的辐射作用并未发挥出全部力量。大中小城市之间的经济联系虽然日趋密切，但仍然仅限于核心城市与大城市辖区的联系。因此，从城市群的发展出发，需要做到：

第一，逐渐从经济发展的观念向城市发展观念转变。伴随着城镇化、工业化带来的大都市区的集聚与扩散，核心城市与其周围的区位优势相近、地理位置相邻的较小等级的城镇以交通网络、生产网络、技术网络为纽带，通过发展经济形成了大中小城市的分工协作，实现了城市群内部经济联系紧密。随着时代背景与城市群区位的差异，各城市群的发展理念的重点也有所不同。

第二，从效率优先向兼顾公平转变。不仅要考虑城市群的核心城市发展状况，更要全面考虑各个城市的经济状况，实现群内城市的均衡发展，缩小城市群内各城市之间的差距。

第三，从集群多元化向改革创新转变。城市群内部各城市之间的竞争与合作是长期性的，区域内形成了鲜明的区域性产业集群和差异化发展格局，主导产业高度集中于城市内部，城市之间形成了完整的产业发展链条。以创新发展为核心，构建现代化产业体系，提高自主创新能力。

二 构建中国城市群发展评价标准体系

城市群的突出特征是空间和人口规模巨大，从中央政府和地方政府层面规划的城市群达20余个，这亟须对城市群的层级体系和分工机制予以科学规划。研究表明，城市群空间结构的演变既体现了城镇体系发展的一般规律，同时也存在因区位不同、政策偏好等引致的差异化规律。本书在理论上较好地构建城市群空间结构动态分析框架，然而，在实践中，通常会面临城市群内部省（直辖市）间、各城市间复杂的行政分权、社会关系、利益需求，加之国内国际两个大背景，特别是改革开放深水期和国际环境的复杂多变，可参考和借鉴的国内外经验并不多。因此，依托我国经济制度下发展城市群的理念，遵循城市群在不同阶段的发展规律，构建中国城市群发展评价体系，既有助于后发地区学习先发城市群的发展模式，也有助于改进自身在发展中面临的差异性问题。构建中国城市群发展评价标准可以从经济、人口、交通、文化等同步展开，本书从经济层面对城市群空间结构演变进行了理论与实践的推演，由此希望可以为城市群发展评价体系贡献微薄力量。

三 构建高度一体化的城市群空间结构体系

城市群区域是在特定的空间范围内，由一组不同性质、类型、形态和等级规模的城市相互组成的城镇密集区，为了克服各个城市自成一体，分散建设、重复建设、浪费资源成本的问题，城市群今后的发展应实施高度一体化的空间结构体系。需要从以下几个方面入手。

第一，区域等级规模结构一体化。区域经济发展一体化要求地区内城市结构的发展具有一定的层次性。一般来说，具有完整辐射功能的城市群等级结构应该有四个层次：特大城市、大城市、中等城市和众多小城市与城镇。城市等级不连续，大城市缺位，等级规模结构出现"跳跃式"，不利于中心城市发挥辐射作用，难以带动城市经济的发展。因此，实现区域等级规模结构一体化，构建完备的城市等级体系，有利于城市群的发展。

第二，区域职能规模结构一体化。不同等级规模的城市依据自身的地理区位、资源禀赋、占地面积、产业结构等在城市群发展过程中担任不同的角色和承担不同的职能。特大城市主要通过聚集效应和扩散效应向周围城市逐级进行辐射，城市功能相对较为丰富，尤其在金融业、交通通信、科研管理等服务性职能具备优势。大城市作为特大城市与中等城市之间的纽带，在技术传播、商品贸易、资本要素等方面起着承上启下的作用。城市群需要不同等级城市在转移人口、产业的同时将部分城市功能进行转移。

第三，市场运作机制一体化。等级规模结构和职能规模结构的构建伴随着资本要素、商品、技术、劳动力等的转移，需要打破、消除商品市场和要素市场的分割，最终实现城市群市场规模效应。

第九章 研究结论及展望

第一节 研究结论

通过梳理国内外城市群空间结构的研究理论及文献，以城镇体系中经典研究范式（等级规模结构、职能规模结构和空间结构）为视角，从城镇体系的演变机理出发，构建城市群空间结构演变的理论分析框架，以三大城市群的空间结构演化为研究对象，比较分析三大城市群的空间结构演变和特征，总结城市群空间结构演变规律，以期为中国城市群的空间结构与核心城市的发展路径形成理论研究范式，提出我国城市群空间结构优化路径，特别地，对京津冀城市群的未来发展提供充分的对策建议。具体研究结论如下：

一 解构城镇体系的演化机理，重构城市群空间结构动态分析框架

从城镇体系的演变机理出发，在城市扩张中发掘了单中心、多中心以及单（多）中心—多层级结构，并对城市层级体系与城市间经济联系进行了理论分析。作为城镇体系发展的高级形式，城市群空间结构的形成与发展从城市的扩张开始。伴随着工业化和城镇化，区域中城市的不断扩张表现为人口规模的增加、土地的扩张和经济的高速增长。若干城市以不同的扩张速度在经济空间中形成核心地区与外围地区。与此同时，在不同城市的扩张过程中，互相之间通过降低交易成本发展专业化经济，依次产生了城市间的经济沟通，形成了经济上密切的分工与合作，这便形成了不同层级体系的城市系统。基于此构建城市群要素—职能—关系三个层面的空间结构演变动态分析框架。

二 三大城市群的人口等级规模与经济等级规模趋于分散

通过对三大城市群的等级规模结构的演化分析，可以得出三大城市群的人口规模等级与经济规模等级均趋于分散态势，人口规模与经济规模呈较强相关性。研究表明，三大城市群中各城市的经济规模和经济集中度较大程度地决定了城市的人口规模与就业规模。从人口规模和经济增长指标下的位序—回归分析中，帕累托指数的逐年下降体现了城市群内部等级规模的分散。珠三角城市群和京津冀城市群中，人口规模和经济规模均呈高度集中，尤其是核心城市广州—深圳、北京—天津的人口集中度严重，双核心城市的经济集中度高达55%以上；长三角城市群的人口集中度增加，经济集中度逐年下降。然而，各城市群的分散演化路径的内在机理不尽相同。"双核心"的珠三角城市群和京津冀城市群在演化过程中，主要原因在于深圳和天津市在城市群内人口规模的不断增大；"单核心"的长三角城市群的人口规模演化路径是由于南京、无锡、苏州、杭州等次一级核心城市的人口规模的增大。三大城市群处于人口等级规模的不同阶段。长三角城市群是从人口规模高度集中向合理化演进；京津冀城市群是从人口规模合理化向分散化演进；珠三角城市群是从人口规模分散向更分散演进。帕累托指数的演变趋势具有较强的解释性。

三 三大城市群内部各城市的职能结构呈现等级性

三大城市群内部各城市的职能结构演化呈现明显的等级性。主要表现为以核心城市职能多样化和中小城市职能单一化的特点。核心城市的职能规模结构呈多样化和中心性，交通通信职能、金融业职能和科研管理职能均是其优势职能。次一级核心城市的生产性职能和服务性职能有所提高，逐步凸显核心城市的功能。特别地，几大核心城市的建筑业职能呈弱化趋势。中小城市的职能结构较为单一，沿海城市的第二产业产值比重较高，多以工业职能为基本职能；内陆城市的行政职能是其主导职能。

四　三大城市群内部的经济空间联系呈不断强化态势

三大城市群内部经济联系呈不断强化态势，核心城市的经济联系强度明显增强。特别是核心城市与大城市、大城市与小城市之间的经济联系强度均有密切的联系。在等级规模结构构建下，核心城市的辐射效应呈增强态势，尤其是对地理距离较近的小城市的辐射效应有明显增强效果。广州市对深圳、珠海、惠州、东莞、中山、开平、鹤山、恩平、肇庆等城市的经济联系强度呈增强趋势，广州、深圳、佛山、东莞、中山之间形成较强的经济联系圈层。上海市与周围城市之间的经济联系是多向发展。京津冀城市群的城市之间联系程度是三个城市群中最分散的。北京和天津与周围城市联系的紧密程度小于广州、深圳之于珠三角城市群，上海之于长江三角洲城市群。

三大城市群共同凸显的问题是小城市之间的经济联系较为薄弱。长三角城市群的大城市与小城市之间的联系、小城市之间的经济联系强度可以说是三大城市群乃至我国城市群中最强的，然而，这种联系强度仅限于沿海城市的联系，内陆地区的联系也是较微弱的。京津冀城市群中，地级市与其下辖的部分县级市存在着一定的经济联系强度，但从空间格局来看，除了京津经济圈层外，尚未在其他区域形成较明显的经济圈层。

五　核心城市的扩散效应呈增强态势

通过对广州、深圳、上海、北京和天津几大城市在城市群中的等级规模、职能规模和与其他城市的经济联系强度的比较，我们发现几大核心城市的扩散效应呈增强态势。从人口规模和经济规模的分析中，广州、上海、北京作为城市群的首位城市，其人口规模首位度呈下降趋势，经济集中度呈上升趋势；深圳、天津作为珠三角和京津冀城市群的第二位城市，人口规模首位度呈上升趋势，经济集中度呈上升趋势。由于首位城市与第二位城市人口规模和经济规模的变化，广州—深圳和北京—天津的双核心模式得到强化。这一特点主要是由于超大城市的职能强度和专业化部门决定的。几个核心城市在城市群中以商业、金融业、科研管理等服务性职能为基本职能。超大城市对其他城市的经济空间联系强度是最大的。这主要是由于超大城市已形成中心城市职能，能够对周围城市实现经济辐射作用。对于珠三角城市群来说，广州和深圳的辐射效应是依城市规模等级逐渐减弱的。广州与特大城市佛山、东莞，深圳与东莞的经济联系强度最大；长三角城市群中，上海的经济辐射作用更依赖于地理区位上的邻近。以上海为核心，公路距离150千米为半径的范围内，上海与其经济联系强度达到0.2以上，特别是与苏州、无锡、昆山、太仓等城市的经济联系强度达到0.4以上。京津冀城市群中，2005年，北京、天津与其他城市的经济联系强度未呈现出一定的规律性。城市群内缺乏特大城市，两座超大城市与大城市——石家庄和唐山的公路距离均在150千米以上，经济空间联系微弱；与其邻近的涿州、高碑店、三河（中等城市）存在经济联系。2015年北京与保定（大城市）、涿州、高碑店、任丘、三河（中等城市）的经济联系强度有所增强。

六　三大城市群的空间结构演化各具特色

三大城市群的空间结构演化路径各具特色。珠三角城市群在20世纪90年代中期已基本呈现出广州—深圳的外向型双核心模式，但深圳仍以第二产业作为城市发展的增长动力，城市职能仍以生产性职能为主要职能。2015年广深双核心模式得到加强，深圳城市职能趋于生产服务性。20世纪90年代，长三角城市群是以上海为核心的单核心发展模式，南京、杭州、苏州、合肥等大城市以制造业为主，2015年已基本形成了"一核多卫星城市"的市场驱动型模式，尝试将合肥纳入长三角城市群的第三个副中心城市。京津冀城市群是以京津为核心的政治、文化推动型双核心模式。

珠三角城市群、长三角城市群和京津冀城市群是我国最为发达的三大城市群，也是国家城市群建设的重中之重，其发展目标是建设具有重要世界影响和全球竞争力的城市群。三大城市群的经济社会发展不仅对所在区域具有直接的带动作用,而且也在很大程度上决定着中国经济的总体走向和在全球竞争中的地位。珠三角城市群中,大城市之间的经济密切引发城市之间资源的竞争,由于各城市地理位置、经济发展水平等因素的影响,区域政策的偏袒,造成城市之间交通基础设施建设缓慢,高端人才抢夺较为激烈。城市之间仍需要合理协作与配合。另外,相较于上海、北京,广州、深圳的世界地位偏低,难以直接与世界级城市直接竞争。广州、深圳应加强与港澳合作,提升其国际竞争力。

长三角城市群以上海为核心,南京、杭州为两翼的空间发展模式已经形成。充分发挥上海的全球城市的功能。上海成为全球城市,主要依赖于长三角城市群内部的产业分工和国际分工。上海通过外向链接全球城市网络,向内辐射长三角的两翼地区。另外,通过研究发现,南京、杭州的城市职能的中心性和服务性逐渐形成,合肥的城市职能仍比较单一。南京和杭州与其邻近的沿海城市经济往来和产业分工较为密切,南京与其西部内陆地区、杭州与其南部地区的经济联系强度较差。在高速公路、铁路等交通基础设施的支撑下,南京、杭州和合肥应在继续发展制造业的基础上,着力发展生产服务功能和生活服务功能,培育区域服务功能。

京津冀城市群依赖其特有的政治、文化优势,以举办国际赛事等为机遇,提升交通、环境、产业等方面的优势,不仅可以拉动城市的经济发展,还能促进城市群各地区之间的联系。天津自贸区的城市是我国北方地区的第一个自贸区。在滨海新区的依托下,大力发展天津自贸区的过境集装箱班列运输,增强沿线国家和地区的转口贸易服务功能,提升我国北方口岸的服务能力和经济辐射能力。河北省的能源重化工业规模较大,但其钢铁、水泥等原材料产能设备较为落后,成为京津冀城市群的主要污染源。从河北省的区位特点和优势来看,应对目前的原材料工业实行大幅度的结构调整、规模调整和技术更新;依托港口优势,发展海洋工程装备、轨道交通装备和新型材料工业，并注重与京津大型制造业相关产业链的结合。

第二节　进一步研究的若干思考

本书对城市群空间结构体系的空间等级规模结构、空间职能规模结构、城市经济空间联系三个方面进行了积极全面的探索，试图从三大城市群的空间结构研究中得出城市群空间结构的一般演化规律。每个城市群的发展必然因其区位、历史发展进程等因素而存在一定的特殊性。但无论是从理论深度还是实践经验来看，都有待于进一步完善。其次，在研究工作过程中，从三大城市群的市域层面进行分析需要大量的数据，城市群包含规模不同的城市，存在不同程度的数据缺失和异常数据问题，虽然笔者运用大量的统计方法对数据进行补充以及异常数据修正，在实证研究中仍然存在诸多不足之处。

城市群作为城镇体系空间演化中的较高阶段，其理论价值和研究具有重要的学术意义。同时，城市群已经成为我国新型城镇化的主体形态，城市群内部城市之间的相互协作对城市群的发展具有重要意义。继续研究城市群内部的空间结构，可以从以下几个方面深入：

一　进一步深入研究城市群空间结构的理论体系

本书依托城镇体系的发展框架，以城市空间扩张与区域经济增长等作为理论基础，构建了城市群空间结构体系，但这是对现有理论研究进行较小领域的探索，且理论研究更多侧重从经济地理的实证方面对三大城市群空间结构的阐释，缺少社会、生态等角度进行更为深入、全面、系统的分析，有待于更多的专家学者对这一问题从更多角度进行探讨。

二 进一步深入研究全国各城市群的空间结构演化问题

本书以三大城市群作为研究对象,从空间等级规模结构、空间职能规模结构、城市经济空间联系三个方面进行了积极全面的探索,并试图探寻城市群空间结构演化的一般规律。然而,每个城市群的发展必然因其区位、历史发展进程等因素而存在特殊性。笔者构建了城市群空间结构演化研究的范式,可以供未来研究者对全国各个城市群的空间结构演化问题进行更为深入的研究。

三 进一步探索城市群空间发展与驱动模式

笔者尝试对城市群空间结构发展和驱动模式予以阐释和总结,然而,囿于考虑和选择城市群发展模式中,包含许多复杂的因素。信息网络化、产业集群化与重大基础设施一体化日益成为人类经济活动、文化科技交流和民众居住生活的重要内容,同时也将成为城市群日趋完善的新动力和新机制,因此,从更多角度探索城市群的空间发展与驱动模式是十分必要的。

参考文献

中文参考文献

阿尔弗雷德·韦伯：《工业区位论》，李刚剑等译，商务印书馆2013年版。

保罗·克鲁格曼：《市场结构和对外贸易政策——报酬递增、不完全竞争和国际贸易》，上海三联出版社1993年版。

毕秀晶：《长三角城市群空间演化研究》，博士学位论文，华东师范大学，2014年。

伯努瓦·曼德布罗特：《分形对象——形、机遇和维数（第4版）》，文志英、苏虹译，世界图书出版公司1999年版。

岑迪：《基于"流—空间"视角的珠江三角洲区域空间结构研究》，硕士学位论文，华南理工大学，2014年。

陈金英：《中国城市群空间结构及其对经济效率的影响研究》，博士学位论文，东北师范大学，2016年。

陈美玲：《类生态系统视角下的城市群空间优化路径研究》，博士学位论文，中国社会科学院研究生院，2015年。

陈明华、刘玮、刘华军：《中国五大城市群经济发展的分布动态及交互影响》，《经济与管理评论》2017年第5期。

陈群元、宋玉祥：《基于城市流视角的环长株潭城市群空间联系分析》，《经济地理》2011年第11期。

陈晓敏：《高速铁路对东莞市空间结构的影响研究》，硕士学位论文，华南理工大学，2014年。

陈玉、孙斌栋：《京津冀存在"集聚阴影"吗——大城市的区域经济影响》,《地理研究》2017 年第 10 期。

陈章喜:《城市群区域城市职能结构特征与类别分析——以长株潭城市群区域为例》,《城市学刊》2017 年第 2 期。

崔功豪:《当前城市与区域规划问题的几点思考》,《城市规划》2002 年第 2 期。

大卫·李嘉图:《政治经济学及赋税原理》,劳英富译,金城出版社 2020 年版。

戴宾:《城市群及其相关概念辨析》,《财经科学》2004 年第 6 期。

丁俊、王开泳:《珠江三角洲城市群工业生产空间格局、形态特征及影响因素》,《地理科学进展》2016 年第 5 期。

范恒山等:《城市群发展:新特点新思路新方向》,《区域经济评论》2017 年第 5 期。

方创琳、鲍超、马海涛:《2016 中国城市群发展报告》,科学出版社 2016 年版。

方创琳:《城市群空间范围识别标准的研究进展与基本判断》,《城市规划学刊》2009 年第 4 期。

方创琳:《京津冀城市群协同发展的理论基础与规律性分析》,《地理科学进展》2017 年第 1 期。

方创琳、宋吉涛、张蔷、李铭:《中国城市群结构体系的组成与空间分异格局》,《地理学报》2005 年第 5 期。

方创琳、杨俊宴、匡文慧:《京津冀协同发展中推进雄安新区"多规合一"的基本策略与建议》,《中国科学院院刊》2017 年第 11 期。

方创琳、姚士谋:《2010 中国城市群发展报告》,科学出版社 2011 年版。

方创琳:《以都市圈为鼎支撑中国城市群高质量发展》,《张江科技评论》2020 年第 6 期。

方创琳、张舰:《中国城市群形成发育的政策保障机制与对策建议》,《中国人口·资源与环境》2011年第10期。

方创琳:《中国城市发展空间格局优化的总体目标与战略重点》,《城市发展研究》2016年第10期。

方创琳:《中国城市群研究取得的重要进展与未来发展方向》,《地理学报》2014年第8期。

方辉:《长江中游地区三大城市群空间结构优化研究》,硕士学位论文,华中师范大学,2012年。

冯凯、韩增林:《中原城市群等级规模结构研究》,《资源开发与市场》2010年第11期。

高进田:《区位的经济学分析》,上海人民出版社2007年版。

高汝熹、阮红:《论中国的圈域经济》,《科技导报》1990年第4期。

高瀛:《天津参与构建京津冀世界级城市群战略发展的对策研究》,硕士学位论文,天津大学,2016年。

顾朝林等:《全球化与重建国家城市体系设想》,《地理科学》2005年第6期。

顾朝林等:《经济全球化与中国城市发展——跨世纪城市发展战略研究》,商务印书馆1999年版。

顾朝林:《中国城镇体系——历史、现状、展望》,商务印书馆1992年版。

顾朝林:《中国城镇体系研究》,商务印书馆1995年版。

关晓光、刘柳:《基于修正引力模型的京津冀城市群空间联系分析》,《城市问题》2014年第11期。

国家发改委国地所课题组:《我国城市群的发展阶段与十大城市群的功能定位》,《改革》2009年第9期。

海莲:《长三角城市群次级中心发展研究》,博士学位论文,苏州大学,2011年。

何剑、刘琳、王帅:《基于分形理论的天山北坡城市群等级规模和空间结构研究》,《山东农业大学学报(自然科学版)》2014

年第 2 期。

侯晓虹：《福厦城市群体的发展与空间结构》，《经济地理》1992 年第 3 期。

胡序威：《应厘清与城镇化有关的各种地域空间概念》，《城市发展研究》2014 年第 11 期。

胡序威、周一星、顾朝林：《中国沿海城镇密集地区空间集聚与扩散研究》，科学出版社 2000 年版。

胡盈、张津、刘转花、林爱文：《基于引力模型和城市流的长江中游城市群空间联系研究》，《现代城市研究》2016 年第 1 期。

华杰媛：《中国城市群空间结构的演化、影响因素与经济绩效——基于形态单中心—多中心视角》，硕士学位论文，华东师范大学，2017 年。

黄妍妮、高波、魏守华：《中国城市群空间结构分布与演变特征》，《经济学家》2016 年第 9 期。

黄征学：《城市群的概念及特征分析》，《区域经济评论》2014 年第 4 期。

季小妹、陈田、陈忠暖：《中国省会城市职能结构特征的比较研究》，《经济地理》2009 年第 7 期。

季小妹、陈忠暖：《我国中部地区城市职能结构和类型的变动研究》，《华南师范大学学报（自然科学版）》2006 年第 4 期。

贾若祥：《辽宁省双核城市群空间结构与区域协调发展研究》，《经济研究参考》2007 年第 29 期。

贾若祥：《我国城市群空间联系浅析》，《宏观经济管理》2013 年第 11 期。

蒋小玲：《东中西部典型城市群"多中心"空间经济结构的演化与比较研究》，博士学位论文，云南大学，2013 年。

劳昕、张远、沈体雁、王敏：《长江中游城市群城市职能结构特征研究》，《城市发展研究》2017 年第 11 期。

李红锦、李胜会：《基于引力模型的城市群经济空间联系研究——珠三角城市群的实证研究》,《华南理工大学学报(社会科学版)》2011年第1期。

李佳洺、孙铁山、李国平:《中国三大都市圈核心城市职能分工及互补性的比较研究》,《地理科学》2010年第4期。

李磊、张贵祥:《京津冀城市群发展质量评价与空间分析》,《地域研究与开发》2017年第5期。

李琳、蔡丽娟:《中三角城市群城市经济联系的时空演变特征》,《城市问题》2015年第7期。

李秋丽:《长江中游城市群城市空间联系及网络结构研究》,硕士学位论文,武汉大学,2017年。

李小帆:《长江经济带城镇化空间效应研究》,博士学位论文,中国地质大学,2016年。

李小建:《经济地理学》,高等教育出版社1999年版。

李晓莉:《大珠江三角洲城市群空间结构的演变》,《城市规划学刊》2008年第2期。

李嬛:《京津冀城市群"等级—规模"分布演进及协同发展研究》,《经济问题探索》2017年第12期。

李耀新:《长江地区产业经济与可持续发展》,武汉出版社1999年版。

李震、顾朝林、姚士媒:《当代中国城镇体系地域空间结构类型定量研究》,《地理科学》2006年第5期。

林先扬、陈忠暖:《长江三角洲和珠江三角洲城市群职能特征及其分析》,《人文地理》2003年第4期。

刘飞、郑新奇、黄晴:《基于空间分形特征的城市群实体空间识别方法》,《地理科学进展》2017年第6期。

刘海滨、刘振灵:《辽宁中部城市群城市职能结构及其转换研究》,《经济地理》2009年第8期。

刘继生、陈彦光:《城镇体系空间结构的分形维数及其测算方法》,《地理研究》1999年第2期。

刘继生、陈彦光:《东北地区城市体系分形结构的地理空间图式——对东北地区城市体系空间结构分形的再探讨》,《人文地理》2000年第6期。

刘建朝、高素英:《基于城市联系强度与城市流的京津冀城市群空间联系研究》,《地域研究与开发》2013年第2期。

刘荣增:《城镇密集区及其相关概念研究的回顾与再思考》,《人文地理》2003年第3期。

刘再兴:《区域联合的理论基础》,《经济理论与经济管理》1987年第1期。

刘泽:《京津冀城市群空间结构的发展模式研究》,硕士学位论文,河北师范大学,2016年。

刘正兵:《中原城市群空间结构效应研究》,硕士学位论文,河南大学,2015年。

陆大道:《区域发展及其空间结构》,科学出版社1998年版。

罗奎、方创琳、马海涛:《基于生产函数视角的城镇化动力机制研究》,《地理科学》2017年第3期。

罗腾飞:《长江经济带城镇化发展质量研究》,博士学位论文,中国地质大学,2016年。

吕德斌:《产业配置及其政策研究》,中国经济出版社1996年版。

梁琦、陈强远、王如玉:《户籍改革、劳动力流动与城市层级体系优化》,《中国社会科学》2013年第12期。

马海龙:《历史、现状与未来:谈京津冀区域合作》,《经济师》2009年第5期。

梅琳、黄柏石、敖荣军、张涛:《长江中游城市群城市职能结构演变及其动力因子研究》,《长江流域资源与环境》2017年第4期。

苗洪亮、周慧:《中国三大城市群内部经济联系和等级结构的比较——基于综合引力模型的分析》,《经济地理》2017年第6期。

苗长虹、王海江：《中国城市群发展态势分析》，《城市发展研究》2005年第4期。

宁越敏、刘昭吟：《历史与地理视角的城市病解析》，《小城镇建设》2015年第9期。

宁越敏：《论中国城市群的发展和建设》，《区域经济评论》2016年第1期。

宁越敏：《论中国城市群的界定和作用》，《城市观察》2016年第1期。

宁越敏：《世界城市群的发展趋势》，《地理教育》2013年第4期。

宁越敏：《未来30年世界城市体系发展趋势与上海的地位和作用》，《科学发展》2015年第3期。

宁越敏、杨传开：《中国推进新型城镇化的背景与发展战略思考》，《中国城市研究》2013年辑刊。

宁越敏、张凡：《关于城市群研究的几个问题》，《城市规划学刊》2012年第1期。

宁越敏：《中国城市化特点、问题及治理》，《南京社会科学》2012年第10期。

宁越敏：《中国都市区和大城市群的界定——兼论大城市群在区域经济发展中的作用》，《地理科学》2011年第3期。

宁越敏：《中国推进新型城镇化战略的思考》，《上海城市规划》2014年第1期。

宋吉涛、方创琳、宋敦江：《中国城市群空间结构的稳定性分析》，《地理学报》2006年第12期。

宋家泰、崔功豪、张同海：《城市总体规划》，商务印书馆1985年版。

宋家泰、顾朝林：《城镇体系规划的理论与方法初探》，《地理学报》1988年第2期。

孙斌栋、丁嵩：《大城市有利于小城市的经济增长吗？——来自长三角城市群的证据》,《地理研究》2016 年第 9 期。

孙斌栋、华杰媛、李琬、张婷麟:《中国城市群空间结构的演化与影响因素——基于人口分布的形态单中心—多中心视角》,《地理科学进展》2017 年第 10 期。

孙斌栋、李琬:《城市规模分布的经济绩效——基于中国市域数据的实证研究》,《地理科学》2016 年第 3 期。

孙一飞:《城镇密集区的界定——以江苏省为例》,《经济地理》1995 年第 3 期。

田光进、贾淑英:《中国城市职能结构的特征研究》,《人文地理》2004 年第 4 期。

田文祝、周一星:《中国城市体系的工业职能结构》,《地理研究》1991 年第 1 期。

佟圣楠、龚岳:《基于城市等级体系的广东省都市圈发展研究》,《地域研究与开发》2017 年第 4 期。

王彬燕、王士君、田俊峰:《基于城市流强度的哈长与辽中南城市群比较研究》,《经济地理》2015 年第 11 期。

王城:《吉林省中部城市群中心与外围城市经济联系研究》,硕士学位论文,吉林大学,2013 年。

王德利、王岩:《中国城市群经济增长方式识别及分异特征》,《经济地理》2017 年第 9 期。

王娟:《中国城市群演进研究》,博士学位论文,西南财经大学,2012 年。

王良健、周克刚、许抄军、何剑:《基于分形理论的长株潭城市群空间结构特征研究》,《地理与地理信息科学》2005 年第 6 期。

王伟:《中国三大城市群空间结构及其集合能效研究》,博士学位论文,同济大学,2008 年。

王雪微:《东北振兴战略实施以来城市群组空间重构及其城镇化效应研究》,博士学位论文,东北师范大学,2016 年。

王玉芳、赵威:《基于 C. L. Morre 回归分析与区位熵法的中原城市群城市职能结构研究》,《安阳师范学院学报》2012年第2期。

王钊、杨山、龚富华、刘帅宾:《基于城市流空间的城市群变形结构识别——以长江三角洲城市群为例》,《地理科学》2017年第9期。

王振波、罗奎、宋洁、徐建斌:《2000年以来长江经济带城市职能结构演变特征及战略思考》,《地理科学进展》2015年第11期。

王铮:《理论经济地理学》,科学出版社2002年版。

魏后凯:《现代区域经济学》,经济管理出版社2011年版。

克里斯塔勒:《德国南部中心地原理》,常正文、王兴中等译,商务印书馆1998年版。

吴传清、李浩:《西方城市区域集合体理论及其启示——以Megalopolis、Desakota Region、Citistate理论为例》,《经济评论》2005年第1期。

吴昊、李美琦:《区域经济增长的聚集效应与扩散效应——基于长三角与京津冀的比较》,《商业研究》2018年第5期。

吴建楠、程绍铂、姚士谋:《中国城市群空间结构研究进展》,《现代城市研究》2013年第12期。

夏安桃:《基于城市感应空间理念的城市规划与建设》,《湖南农业大学学报(社会科学版)》2006年第2期。

肖金成、袁朱:《我国将形成十大城市群》,《决策与信息》2007年第5期。

肖金成、袁朱:《中国十大城市群》,经济科学出版社2009年版。

徐清梅、张思锋、牛玲、雍岚:《中国城市群几个基本问题的观点述评》,《城市问题》2002年第1期。

许锋、周一星:《我国城市职能结构变化的动态特征及趋势》,《城市发展研究》2008年第6期。

许学强、周一星、宁越敏:《城市地理学》,高等教育出版社2009年版。

薛东前、姚士谋、张红:《关中城市群的功能联系与结构优化》,

《经济地理》2000年第6期。

亚当·斯密：《国民财富的性质和原因研究》，郭大力、王亚南译，商务印书馆1974年版。

阎东彬：《京津冀城市群综合承载力测评与预警研究》，博士学位论文，河北大学，2016年。

杨德云：《基于分形理论的广西城市体系空间结构研究》，《商业研究》2008年第7期。

杨勇、罗守贵、高汝熹：《都市圈的发展演化阶段分析》，《科技进步与对策》2007年第5期。

姚常成、李迎成：《中国城市群多中心空间结构的演进：市场驱动与政策引导》，《社会科学战线》2021年第2期。

姚士谋、陈爽、吴建楠、张越、陈振光：《中国大城市用地空间扩展若干规律的探索——以苏州市为例》，《地理科学》2009年第1期。

姚士谋、陈振光、朱英明：《中国城市群》，中国科学技术大学出版社2006年版。

姚士谋、管驰明、王书国、陈爽：《我国城市化发展的新特点及其区域空间建设策略》，《地球科学进展》2007年第3期。

姚士谋、侯晓虹：《试析上海国际化大都市的地域空间扩展》，《城市规划》1994年第4期。

姚士谋、李青、武清华、陈振光、张落成：《我国城市群总体发展趋势与方向初探》，《地理研究》2010年第8期。

姚士谋、陆大道、王聪、段进军、武清华：《中国城镇化需要综合性的科学思维——探索适应中国国情的城镇化方式》，《地理研究》2011年第11期。

姚士谋：《我国城市群的特征、类型与空间布局》，《城市问题》1992年第1期。

姚士谋、张平宇、余成、李广宇、王成新：《中国新型城镇化理论与实践问题》，《地理科学》2014年第6期。

姚士谋:《中国城市群》,中国科学技术大学出版社1992年版。

姚士谋、周春山、王德、修春亮等:《中国城市群新论》,科学出版社2016年版。

要维:《京津冀城市群基础设施综合评价》,博士学位论文,河北大学,2017年。

赫克歇尔、俄林:《赫克歇尔—俄林贸易理论》,陈颂译,商务印书馆2020年版。

尹娟、董少华、陈红:《2004—2013年滇中城市群城市空间联系强度时空演变》,《地域研究与开发》2015年第1期。

于峰、张小星:《"大都市连绵区"与"城乡互动区"——关于戈特曼与麦吉城市理论的比较分析》,《城市发展研究》2010年第1期。

于洪俊、宁越敏:《城市地理概论》,安徽人民出版社1983年版。

余沛:《中原城市群空间联系研究》,博士学位论文,西南交通大学,2011年。

杜能:《孤立国同农业和国民经济的关系》,吴衡康译,商务印书馆1986年版。

张红:《城市群空间组织结构演化的内在动力和优化研究》,博士学位论文,哈尔滨工业大学,2016年。

张京祥、邹军、吴启焰、陈小卉:《论都市圈地域空间的组织》,《城市规划》2001年第5期。

张磊、武友德、李军、常翙:《泛珠江三角洲经济圈城市职能结构特征与分类研究》,《西北人口》2016年第3期。

张蕾:《中国东部三大都市圈城市体系及演化机制研究》,博士学位论文,复旦大学,2008年。

张丽青:《关中城市群空间结构演化与布局研究》,硕士学位论文,西安理工大学,2006年。

张思锋、牛玲、徐清梅、雍兰:《关中城市群城市等级结构及其发展思路》,《西安交通大学学报(社会科学版)》2002年第1期。

张伟、顾朝林：《城市与区域规划模型系统》，东南大学出版社2000年版。

张玮琪：《城市群空间结构的经济效应研究》，硕士学位论文，暨南大学，2014年。

张祥建、唐炎华、徐晋：《长江三角洲城市群空间结构演化的产业机理》，《经济理论与经济管理》2003年第10期。

张学良：《区域经济学》，人民出版社2011年版。

赵璟、党兴华、王修来：《城市群空间结构的演变——来自中国西部地区的经验证据》，《经济评论》2009年第4期。

赵渺希、钟烨、徐高峰：《中国三大城市群多中心网络的时空演化》，《经济地理》2015年第3期。

赵婷：《我国城市群的空间结构及其分形特征研究》，硕士学位论文，河北师范大学，2008年。

赵伟、余峥：《中国城市群集聚辐射效应测度》，《城市问题》2017年第10期。

赵艳：《汉长昌经济空间相互作用及整合发展研究》，硕士学位论文，湖南大学，2007年。

赵正、王佳昊、冯骥：《京津冀城市群核心城市的空间联系及影响测度》，《经济地理》2017年第6期。

郑国、赵群毅：《山东半岛城市群主要经济联系方向研究》，《地域研究与开发》2004年第5期。

钟海燕：《成渝城市群研究》，博士学位论文，四川大学，2006年。

周玲强：《长江三角洲国际性城市群发展战略研究》，《浙江大学学报（理学版）》2000年第2期。

周晓艳、华敏、秦雅雯、马秀馨：《长江中游城市群空间联系研究》，《长江流域资源与环境》2016年第10期。

周一星、布雷德肖：《中国城市（包括辖县）的工业职能分类——理论、方法和结果》，《地理学报》1988年第4期。

周一星、杨齐：《我国城镇等级体系变动的回顾及其省区地域类型》，《地理学报》1986年第2期。

朱邦耀：《吉林省中部城市群经济空间格局演化与协调发展研究》，博士学位论文，东北师范大学，2017年。

朱顺娟：《长株潭城市群空间结构及其优化研究》，博士学位论文，中南大学，2012年。

朱顺娟、郑伯红：《基于城市流的长株潭城市群城市联系》，《城市发展研究》2009年第6期。

朱英明：《我国城市群区域联系的理论与实证研究》，博士学位论文，中科院南京地理与湖泊研究所，2000年。

朱英明：《我国城市群区域联系发展趋势》，《城市问题》2001年第6期。

朱有志：《长株潭城市群重构"两型社会"视域中的城市群发展模式》，社会科学文献出版社2010年版。

朱政、郑伯红、贺清云：《珠江三角洲城市群空间结构及影响研究》，《经济地理》2011年第3期。

曾浩：《城市群内城际关系及其对城市发展影响研究——以武汉城市圈为例》，博士学位论文，中国地质大学，2016年。

曾菊新、罗静：《经济全球化的空间效应——论基于企业网络的地域空间结构重组》，《经济地理》2002年第3期。

曾鹏、罗艳：《中国十大城市群城市职能结构特征比较研究》，《中国科技论坛》2013年第2期。

张思锋、牛玲、徐清梅、雍兰：《关中城市群城市等级结构及其发展思路》，《西安交通大学学报（社会科学版）》2002年第1期。

英文参考文献

Anderson J E, "A Theoretical Foundation for the Gravity Equation", *American Economic Review*, Vol. 69, No. 1, 1979.

Bailey N, Turok I, "Central Scotland as a Polycentric Urbanregion: Useful Planning Concept or Chimera", *UrbanStudies*, No. 38, 2001,

p. 697.

Bertalanffy L V, "General System Theory: Foundation, Development, Applications", *Systems Man & Cybernetics IEEE Transactions on*, No. 4, 1993, p. 592.

B. Jahansson, J. M, "Quigley. Agglomeration and Networks in Spatial Economies", *Papers in Regional Science*, Vol. 83, No. 1, 2001.

Celik H M, Guldmann J M, "Spatial Interaction Modeling of Interregional Commodity Flows", *Socio-Economic Planning Sciences*, Vol. 41, No. 2, 2007.

C. G. G. Geddes, Patrick. *Cities in Evolution: An Introduction to the Town Planning Movement and to the Study of Civics*. The Geographical Journal, 1916.

Dematteis G, "Globalisation and Regional Integration: The Case of the Ltalian Urban System", *GeoJournal*, 1997 (43): 331-338.

Eliel Saarinen. *The City: Its Growth, Its Decay, Its Future*. Front Cover. New York: Reinhold Publishing Corporation, 1943.

E. Hdward. *Garden Cities of To-motrow*. The Classics. US, 1898.

Friedmann J, Wolff G, "World City Formation: Anagenda for Research and Action", *International Journal of Urban and Regional Research*, No. 3, 1982, p. 309.

Friedmann J, "The world city hypothesis", *Development and Change*. No. 17, 1986, p. 69.

Gilles Duranton & Diego Puga, "Nursery Cities: Urban Diversity, Process Innovation, and the Life Cycleof Products", *The American Economic Review*, Vol. 91, No. 5, 2001.

Gottmannn. *Megalopolis: The Urbanization of the Northeast Seaboard of the USA*. Cambridge: MIT PRESS, 1961.

Halbert L. Examining the Mega-City-Region Hypothesis: Evidence from the Paris City-region/Bassin Parisien. *Regional Studies*, Vol. 42,

No. 8, 2008.

Hall P G, Pain K. *The Polycentric Metropolis: Learning from Mega-City regions in Europe. London*, UK: Earthscan, 2006.

Harris C D, Ullman E L, "The Nature of Cities", *The Annals of the American Academy of Political and Social Science*, Vol. 241, No. 1, 1945.

Herbert D T, Thomas C J, "Urban Geography: a First Approach", *Applied Geography*, Vol. 4, No. 1, 1984.

Hoover E. M, "Location Theory and the Shoe and Leather Industries", Harvard University Press, 1937.

Huff D L, "A Probabilistic Analysis of Shopping Center Trade Areas", *Land Environment*, No. 1, 2003, p. 98.

Irini Moustaki, Karl G. Jöreskog, Dimitris Mavridis, "Factor Models for Ordinal Variables with Covariate Effects on the Manifest and Latent Variables: A Comparison of LISREL and IRT Approaches", *Structural Equation Modeling a Multidisciplinary Journal*, Vol. 11, No. 4, 2004.

Krugman, P, "Space: The Final Frontier", *Journal of Economic Perspectives*, No. 2, 1988, p. 161.

Lambooy J G, "Polynucleation and Economic Development: The randstad," *European Planning Studies*, Vol. 6, No. 4, 1998.

Lang, R. E. & Dhavale. D, "Beyond Megalopolis: Exploring America's New 'Megapolitan' Geography", *Metropolitan Institute Census Report Series, Census Report*, No. 0, 2005, p. 1.

Mackinnon R D, "Entropy in Urban and Regional Modelling", *Economic Geography*, Vol. 48, No. 4, 1972.

Meijers E, "Polycentric Urban Regions and the Quest for Synergy: Is a Network of Cities More than the Sum of the Parts," *Urban Studies*, Vol. 42, No. 4, 2005.

N. A. Phelps, T. Ozawa, "Contrasts in Agglomeration: Proto-industrial, Industrial and Post-industrial Forms Compared," *Progress in Human Geography*, Vol. 27, No. 5, 2003.

Raymond Vernon, "1966 International Investment and International Trade in the Product Cycle", *The Quarterly Journal of Economics*, 80 (2): 190–207.

Raymond Vernon, "International Investment and International Trade in the Product Cycle", *The Quarterly Journal of Economics*, Vol. 80, No. 2, 1966.

Reilly W J. *Methods for the Study of Retail Relationships*. Methods for the Study of Retail Relationships. University of Texas, 1929.

Riguelle F, Thomas I, Verhetsel A, "Measuring Urbanpolycentrism: A European Case Study and its Implications", *Journal of Economic Geography*, Vol. 7, No. 2, 2007.

Roberta Capello & Roberto Camagni, "Beyond Optimal City Size: An Evaluation of Alternative Urban Growth Patterns", *Urban Studies*, No. 37, 2000, p. 1479.

Simini. *Economic Theory and Underdeveloped Regions*. London: Duckworth, 2012.

Sun B D, Hua J Y, Li W, et al, "Spatial Structure Change and Influencing Factors of City Clusters in China: From Monocentric to Polycentric Based on Population Distribution", *Progress in Geography*, Vol. 36, No. 10, 2017.

van Oort F, Burger M, Raspe O, "On the Economic Foundation of the Urban Network Paradigm: Spatial Integration Functional Integration and Economic Complementarities Within the Dutch Randstad", *Urban Studies*, Vol. 47, No. 4, 2010.

Zhou Yixing, "Definition of Urban Place and Statistical Standards of Urban Population in China: Problem and Solution", *Asian Geography*, Vol. 7, No. 1, 1988.

附　　录

附表1　　　1995—2015年珠三角城市群城镇化水平　　　（单位:%）

城市\年份	1995	2005	2015
广州	61	92	86
深圳	75	100	100
珠海	68	88	88
佛山	45	78	95
江门	36	57	65
惠州	32	55	68
肇庆	25	39	45
东莞	25	73	89
中山	28	74	88

资料来源：根据历年《广东省统计年鉴》及地市统计年鉴整理、计算。

附表2　　　1995—2015年长三角城市群城镇化水平　　　（单位:%）

城市\年份	1995	2005	2015
上海	71	84	88
南京	50	73	81
无锡	42	70	75
常州	36	46	70
苏州	29	51	75

续表

年份 城市	1995	2005	2015
南通	27	32	63
盐城	18	36	60
扬州	19	38	63
镇江	32	43	68
泰州	—	27	62
杭州	32	45	75
宁波	22	33	71
嘉兴	20	34	61
湖州	20	30	45
绍兴	15	29	42
金华	14	22	44
舟山	24	36	67
台州	11	18	60
合肥	25	41	70
芜湖	31	42	62
马鞍山	41	47	65
铜陵	49	55	53
安庆	13	17	46
滁州	21	21	49
池州	15	17	51
宣城	16	17	51

资料来源：根据历年《上海市统计年鉴》《江苏省统计年鉴》《浙江省统计年鉴》《安徽省统计年鉴》及各地市统计年鉴整理、计算。

附表3　1995—2015年京津冀城市群城镇化水平　（单位:%）

年份 城市	1995	2005	2015
北京	65	75	87
天津	57	60	83

续表

年份 城市	1995	2005	2015
石家庄	21	40	58
唐山	25	32	58
秦皇岛	22	42	54
邯郸	16	21	51
邢台	12	20	48
保定	13	23	47
张家口	22	29	52
承德	16	24	47
沧州	14	22	49
廊坊	14	29	55
衡水	55	17	47

资料来源：根据历年《北京市统计年鉴》《天津市统计年鉴》《河北统计年鉴》及各地市统计年鉴整理、计算。

附表4　1995—2015年珠三角城市群实际利用外商直接投资额

（单位：亿美元）

年份 城市	1995	2005	2015
广州	21.44	28.41	54.16
深圳	13.10	29.69	64.97
珠海	5.39	6.65	21.78
佛山	10.54	9.27	23.77
江门	6.32	5.97	8.79
惠州	7.98	10.31	11.05
肇庆	3.47	5.42	13.94
东莞	6.72	14.61	53.20
中山	4.50	6.25	4.57

资料来源：根据历年《广东省统计年鉴》整理。

附表5 1995—2015年长三角城市群实际利用外商直接投资额

（单位：亿美元）

年份 城市	1995	2005	2015
上海	32.50	68.50	184.59
南京	4.03	14.18	33.35
无锡	8.57	20.07	32.11
常州	2.62	7.31	17.21
苏州	23.27	51.16	60.00
南通	3.08	15.32	23.16
盐城	0.60	1.62	7.95
扬州	1.59	5.26	8.48
镇江	1.65	5.96	13.05
泰州	0.78	4.56	10.66
杭州	4.27	17.13	71.13
宁波	3.99	23.11	42.34
嘉兴	0.80	11.57	26.84
湖州	0.40	6.51	9.42
绍兴	1.30	9.01	9.42
金华	0.44	4.58	2.74
舟山	0.23	0.31	0.78
台州	0.37	3.38	1.16
合肥	2.98	4.07	25.07
芜湖	0.53	1.06	23.01
马鞍山	0.06	0.48	19.40
铜陵	0.40	0.11	2.23
安庆	0.23	0.45	1.83
滁州	0.18	0.24	10.59
池州	0.09	0.13	3.47
宣城	0.29	0.34	7.96

料来源：根据历年《上海市统计年鉴》《江苏省统计年鉴》《浙江省统计年鉴》《安徽省统计年鉴》整理。

附表6　1995—2015年京津冀城市群实际利用外商直接投资额

（单位：亿美元）

年份 城市	1995	2005	2015
北京	14.03	35.27	130.00
天津	15.21	33.29	188.67
石家庄	1.37	4.39	11.40
唐山	0.78	4.61	12.33
秦皇岛	0.97	2.36	5.26
邯郸	0.61	1.29	7.93
邢台	0.13	1.42	1.45
保定	1.38	1.05	4.35
张家口	0.21	0.24	3.17
承德	0.17	1.10	1.16
沧州	0.25	1.44	4.01
廊坊	0.79	1.94	6.68
衡水	0.03	1.04	1.65

料来源：根据历年《北京市统计年鉴》《天津市统计年鉴》《河北统计年鉴》整理。

附表7　2005年珠三角城市群各城市的基本职能与非基本职能

职能分类 地区	基本职能	非基本职能
广州	工业职能、交通通信职能、商业职能、房地产业职能、科研管理职能、其他服务职能	矿业职能、建筑业职能、金融业职能、行政职能、社会服务职能
深圳	工业职能、交通通信职能、商业职能、房地产业职能、其他服务职能	矿业职能、建筑业职能、金融业职能、科研管理职能、行政职能、社会服务职能
珠海	工业职能、房地产业职能	矿业职能、建筑业职能、交通通信职能、商业职能、金融业职能、科研管理职能、行政职能、社会服务职能、其他服务职能

续表

职能分类 地区	基本职能	非基本职能
佛山	工业职能、金融业职能	矿业职能、建筑业职能、交通通信职能、商业职能、房地产业职能、科研管理职能、行政职能、社会服务职能、其他服务职能
江门	工业职能、金融业职能	矿业职能、建筑业职能、交通通信职能、商业职能、房地产业职能、科研管理职能、行政职能、社会服务职能、其他服务职能
肇庆	工业职能、行政职能、社会服务职能	矿业职能、建筑业职能、交通通信职能、商业职能、金融业职能、房地产业职能、科研管理职能、其他服务职能
惠州	工业职能	矿业职能、建筑业职能、交通通信职能、商业职能、金融业职能、房地产业职能、科研管理职能、行政职能、社会服务职能、其他服务职能
东莞	工业职能、金融业职能、行政职能、社会服务职能	矿业职能、建筑业职能、交通通信职能、商业职能、房地产业职能、科研管理职能、其他服务职能
中山	工业职能、金融业职能	矿业职能、建筑业职能、交通通信职能、商业职能、房地产业职能、科研管理职能、行政职能、社会服务职能、其他服务职能
珠三角城市群	工业职能、交通通信职能、金融业职能、房地产业职能、其他服务职能	矿业职能、建筑业职能、商业职能、科研管理职能、行政职能、社会服务职能

资料来源：根据区位熵和数据测算。

附表8　2015年珠三角城市群各城市的基本职能与非基本职能

职能分类 地区	基本职能	非基本职能
广州	交通通信职能、商业职能、房地产业职能、科研管理职能、其他服务职能	矿业职能、工业职能、建筑业职能、金融业职能、行政职能、社会服务职能

续表

职能分类 地区	基本职能	非基本职能
深圳	工业职能、交通通信职能、房地产业职能、其他服务职能	矿业职能、建筑业职能、商业职能、金融业职能、科研管理职能、行政职能、社会服务职能
珠海	工业职能、房地产业职能	矿业职能、建筑业职能、交通通信职能、商业职能、金融业职能、科研管理职能、行政职能、社会服务职能、其他服务职能
佛山	工业职能	矿业职能、建筑业职能、交通通信职能、商业职能、金融业职能、房地产业职能、科研管理职能、行政职能、社会服务职能、其他服务职能
江门	工业职能、金融业职能	矿业职能、建筑业职能、交通通信职能、商业职能、房地产业职能、科研管理职能、行政职能、社会服务职能、其他服务职能
肇庆	工业职能、行政职能、社会服务职能	矿业职能、建筑业职能、交通通信职能、商业职能、金融业职能、房地产业职能、科研管理职能、其他服务职能
惠州	工业职能	矿业职能、建筑业职能、交通通信职能、商业职能、金融业职能、房地产业职能、科研管理职能、行政职能、社会服务职能、其他服务职能
东莞	工业职能	矿业职能、建筑业职能、交通通信职能、商业职能、金融业职能、房地产业职能、科研管理职能、行政职能、社会服务职能、其他服务职能
中山	工业职能	矿业职能、建筑业职能、交通通信职能、商业职能、金融业职能、房地产业职能、科研管理职能、行政职能、社会服务职能、其他服务职能
珠三角城市群	工业职能、房地产业职能、其他服务职能	矿业职能、建筑业职能、交通通信职能、商业职能、金融业职能、科研管理职能、行政职能、社会服务职能

资料来源：根据区位熵和数据测算。

附表 9　　2005 年长三角城市群各城市的基本职能与非基本职能

职能分类 地区	基本职能	非基本职能
上海	工业职能、交通通信职能、商业职能、金融业职能、房地产业职能、科研管理职能、其他服务职能	矿业职能、建筑业职能、行政职能、社会服务职能
南京	工业职能、交通通信职能、房地产业职能、科研管理职能	矿业职能、建筑业职能、商业职能、金融业职能、行政职能、社会服务职能、其他服务职能
无锡	工业职能、金融业职能	矿业职能、建筑业职能、交通通信职能、商业职能、房地产业职能、科研管理职能、行政职能、社会服务职能、其他服务职能
常州	工业职能、金融业职能	矿业职能、建筑业职能、交通通信职能、商业职能、房地产业职能、科研管理职能、行政职能、社会服务职能、其他服务职能
苏州	工业职能	矿业职能、建筑业职能、交通通信职能、商业职能、金融业职能、房地产业职能、科研管理职能、行政职能、社会服务职能、其他服务职能
南通	工业职能、金融业职能、社会服务职能	矿业职能、建筑业职能、交通通信职能、商业职能、房地产业职能、科研管理职能、行政职能、其他服务职能
盐城	工业职能、建筑业职能、金融业职能、社会服务职能	矿业职能、交通通信职能、商业职能、房地产业职能、科研管理职能、行政职能、其他服务职能
扬州	矿业职能、工业职能、金融业职能、社会服务职能	建筑业职能、交通通信职能、商业职能、房地产业职能、科研管理职能、行政职能、其他服务职能
镇江	工业职能、交通通信职能、金融业职能	矿业职能、建筑业职能、商业职能、房地产业职能、科研管理职能、行政职能、社会服务职能、其他服务职能
泰州	工业职能、金融业职能、行政职能、社会服务职能	矿业职能、建筑业职能、交通通信职能、商业职能、房地产业职能、科研管理职能、其他服务职能
杭州	工业职能、交通通信职能、商业职能、金融业职能、房地产业职能、科研管理职能、其他服务职能	矿业职能、建筑业职能、行政职能、社会服务职能

续表

职能分类 地区	基本职能	非基本职能
宁波	工业职能、建筑业职能、金融业职能	矿业职能、交通通信职能、商业职能、房地产业职能、科研管理职能、行政职能、社会服务职能、其他服务职能
嘉兴	工业职能	矿业职能、建筑业职能、交通通信职能、商业职能、金融业职能、房地产业职能、科研管理职能、行政职能、社会服务职能、其他服务职能
湖州	工业职能、金融业职能、行政职能、其他服务职能	矿业职能、建筑业职能、交通通信职能、商业职能、房地产业职能、科研管理职能、社会服务职能
绍兴	工业职能、建筑业职能	矿业职能、交通通信职能、商业职能、金融业职能、房地产业职能、科研管理职能、行政职能、社会服务职能、其他服务职能
金华	建筑业职能、金融业职能、行政职能、社会服务职能、其他服务职能	矿业职能、工业职能、交通通信职能、商业职能、房地产业职能、科研管理职能
舟山	建筑业职能、交通通信职能、商业职能、金融业职能、房地产业职能、行政职能	矿业职能、工业职能、科研管理职能、社会服务职能、其他服务职能
台州	建筑业职能、金融业职能、社会服务职能	矿业职能、工业职能、交通通信职能、商业职能、房地产业职能、科研管理职能、行政职能、其他服务职能
合肥	建筑业职能、交通通信职能、房地产业职能、科研管理职能、行政职能、社会服务职能	矿业职能、工业职能、商业职能、金融业职能、其他服务职能
芜湖	工业职能、建筑业职能、交通通信职能、金融业职能	矿业职能、商业职能、房地产业职能、科研管理职能、行政职能、社会服务职能、其他服务职能
马鞍	矿业职能、工业职能	建筑业职能、交通通信职能、商业职能、金融业职能、房地产业职能、科研管理职能、行政职能、社会服务职能、其他服务职能
铜陵	工业职能	矿业职能、建筑业职能、交通通信职能、商业职能、金融业职能、房地产业职能、科研管理职能、行政职能、社会服务职能、其他服务职能
安庆	交通通信职能、商业职能、金融业职能、行政职能、社会服务职能	矿业职能、工业职能、建筑业职能、房地产业职能、科研管理职能、其他服务职能

职能分类 地区	基本职能	非基本职能
滁州	交通通信职能、金融业职能、科研管理职能、行政职能、社会服务职能	矿业职能、工业职能、建筑业职能、商业职能、房地产业职能、其他服务职能
池州	金融业职能、科研管理职能、行政职能、社会服务职能	矿业职能、工业职能、建筑业职能、交通通信职能、商业职能、房地产业职能、其他服务职能
宣城	金融业职能、行政职能、社会服务职能	矿业职能、工业职能、建筑业职能、交通通信职能、商业职能、房地产业职能、科研管理职能、其他服务职能
长三角城市群	工业职能、交通通信职能、商业职能、金融业职能、房地产业职能、其他服务职能	矿业职能、建筑业职能、科研管理职能、行政职能、社会服务职能

资料来源：根据区位熵和数据测算。

附表10　2015年长三角城市群各城市的基本职能与非基本职能

职能分类 地区	基本职能	非基本职能
上海	交通通信职能、商业职能、金融业职能、房地产业职能、科研管理职能、其他服务职能	矿业职能、工业职能、建筑业职能、行政职能、社会服务职能
南京	建筑业职能、交通通信职能、商业职能、房地产业职能、科研管理职能、其他服务职能	矿业职能、工业职能、金融业职能、行政职能、社会服务职能
无锡	工业职能	矿业职能、建筑业职能、交通通信职能、商业职能、金融业职能、房地产业职能、科研管理职能、行政职能、社会服务职能、其他服务职能
常州	工业职能、金融业职能、社会服务职能	矿业职能、建筑业职能、交通通信职能、商业职能、房地产业职能、科研管理职能、行政职能、其他服务职能

续表

职能分类 地区	基本职能	非基本职能
苏州	工业职能	矿业职能、建筑业职能、交通通信职能、商业职能、金融业职能、房地产业职能、科研管理职能、行政职能、社会服务职能、其他服务职能
南通	建筑业职能	矿业职能、工业职能、交通通信职能、商业职能、金融业职能、房地产业职能、科研管理职能、行政职能、社会服务职能、其他服务职能
盐城	建筑业职能	矿业职能、工业职能、交通通信职能、商业职能、金融业职能、房地产业职能、科研管理职能、行政职能、社会服务职能、其他服务职能
扬州	建筑业职能	矿业职能、工业职能、交通通信职能、商业职能、金融业职能、房地产业职能、科研管理职能、行政职能、社会服务职能、其他服务职能
镇江	工业职能、金融业职能	矿业职能、建筑业职能、交通通信职能、商业职能、房地产业职能、科研管理职能、行政职能、社会服务职能、其他服务职能
泰州	建筑业职能	矿业职能、工业职能、交通通信职能、商业职能、金融业职能、房地产业职能、科研管理职能、行政职能、社会服务职能、其他服务职能
杭州	建筑业职能、交通通信职能、商业职能、金融业职能、房地产业职能、科研管理职能	矿业职能、工业职能、行政职能、社会服务职能、其他服务职能
宁波	工业职能、建筑业职能、金融业职能	矿业职能、交通通信职能、商业职能、房地产业职能、科研管理职能、行政职能、社会服务职能、其他服务职能
嘉兴	工业职能	矿业职能、建筑业职能、交通通信职能、商业职能、金融业职能、房地产业职能、科研管理职能、行政职能、社会服务职能、其他服务职能

续表

职能分类 地区	基本职能	非基本职能
湖州	工业职能、建筑业职能、金融业职能	矿业职能、交通通信职能、商业职能、房地产业职能、科研管理职能、行政职能、社会服务职能、其他服务职能
绍兴	建筑业职能	矿业职能、工业职能、交通通信职能、商业职能、金融业职能、房地产业职能、科研管理职能、行政职能、社会服务职能、其他服务职能
金华	建筑业职能、金融业职能	矿业职能、工业职能、交通通信职能、商业职能、房地产业职能、科研管理职能、行政职能、社会服务职能、其他服务职能
舟山	交通通信职能、商业职能、其他服务职能	矿业职能、工业职能、建筑业职能、金融业职能、房地产业职能、科研管理职能、行政职能、社会服务职能
台州	建筑业职能、金融业职能	矿业职能、工业职能、交通通信职能、商业职能、房地产业职能、科研管理职能、行政职能、社会服务职能、其他服务职能
合肥	建筑业职能、交通通信职能	矿业职能、工业职能、商业职能、金融业职能、房地产业职能、科研管理职能、行政职能、社会服务职能、其他服务职能
芜湖	工业职能、交通通信职能、金融业职能、社会服务职能	矿业职能、建筑业职能、商业职能、房地产业职能、科研管理职能、行政职能、其他服务职能
马鞍山	矿业职能、工业职能、金融业职能、行政职能	建筑业职能、交通通信职能、商业职能、房地产业职能、科研管理职能、社会服务职能、其他服务职能
铜陵	工业职能、建筑业职能、房地产业职能、行政职能、社会服务职能	矿业职能、交通通信职能、商业职能、金融业职能、科研管理职能、其他服务职能
安庆	工业职能、金融业职能、房地产业职能、行政职能、社会服务职能	矿业职能、建筑业职能、交通通信职能、商业职能、科研管理职能、其他服务职能

续表

职能分类\地区	基本职能	非基本职能
滁州	工业职能、金融业职能、科研管理职能、行政职能、社会服务职能	矿业职能、建筑业职能、交通通信职能、商业职能、房地产业职能、其他服务职能
池州	金融业职能、科研管理职能、行政职能、社会服务职能	矿业职能、工业职能、建筑业职能、交通通信职能、商业职能、房地产业职能、其他服务职能
宣城	工业职能、金融业职能、行政职能、社会服务职能	矿业职能、建筑业职能、交通通信职能、商业职能、房地产业职能、科研管理职能、其他服务职能
长三角城市群	工业职能、建筑业职能、交通通信职能	矿业职能、商业职能、金融业职能、房地产业职能、科研管理职能、行政职能、社会服务职能、其他服务职能

资料来源：根据区位熵和数据测算。

附表 11　2005 年京津冀城市群各城市的基本职能与非基本职能

职能分类\地区	基本职能	非基本职能
北京	交通通信职能、商业职能、房地产业职能、科研管理职能、其他服务职能	矿业职能、工业职能、建筑业职能、金融业职能、行政职能、社会服务职能
天津	工业职能、交通通信职能、科研管理职能、其他服务职能	矿业职能、建筑业职能、商业职能、金融业职能、房地产业职能、行政职能、社会服务职能
石家庄	工业职能、交通通信职能、商业职能、金融业职能、科研管理职能、行政职能、社会服务职能	矿业职能、建筑业职能、房地产业职能、其他服务职能
唐山	矿业职能、工业职能、金融业职能	建筑业职能、交通通信职能、商业职能、房地产业职能、科研管理职能、行政职能、社会服务职能、其他服务职能

续表

职能分类 地区	基本职能	非基本职能
秦皇岛	交通通信职能、金融业职能、科研管理职能、行政职能、社会服务职能	矿业职能、工业职能、建筑业职能、商业职能、房地产业职能、其他服务职能
邯郸	矿业职能、行政职能、社会服务职能	工业职能、建筑业职能、交通通信职能、商业职能、金融业职能、房地产业职能、科研管理职能、其他服务职能
邢台	矿业职能、金融业职能、行政职能、社会服务职能	工业职能、建筑业职能、交通通信职能、商业职能、房地产业职能、科研管理职能、其他服务职能
保定	建筑业职能、金融业职能、科研管理职能、行政职能、社会服务职能	矿业职能、工业职能、交通通信职能、商业职能、房地产业职能、其他服务职能
张家口	矿业职能、金融业职能、行政职能、社会服务职能	工业职能、建筑业职能、交通通信职能、商业职能、房地产业职能、科研管理职能、其他服务职能
承德	矿业职能、交通通信职能、金融业职能、行政职能、社会服务职能	工业职能、建筑业职能、商业职能、房地产业职能、科研管理职能、其他服务职能
沧州	矿业职能、建筑业职能、金融业职能、行政职能、社会服务职能	工业职能、交通通信职能、商业职能、房地产业职能、科研管理职能、其他服务职能
廊坊	金融业职能、房地产业职能、科研管理职能、行政职能、社会服务职能	矿业职能、工业职能、交通通信职能、商业职能、其他服务职能
衡水	交通通信职能、商业职能、金融业职能、行政职能、社会服务职能	矿业职能、工业职能、建筑业职能、房地产业职能、科研管理职能、其他服务职能
京津冀城市群	交通通信职能、商业职能、房地产业职能、科研管理职能、其他服务职能	矿业职能、工业职能、建筑业职能、金融业职能、行政职能、社会服务职能

资料来源：根据区位熵和数据测算。

附表 12　2015 年京津冀城市群各城市的基本职能与非基本职能

职能分类 地区	基本职能	非基本职能
北京	交通通信职能、商业职能、金融业职能、房地产业职能、科研管理职能、社会服务职能、其他服务职能	矿业职能、工业职能、建筑业职能、行政职能
天津	工业职能、金融业职能、房地产业职能、科研管理职能、其他服务职能	矿业职能、建筑业职能、交通通信职能、商业职能、行政职能、社会服务职能
石家庄	交通通信职能、金融业职能、科研管理职能、行政职能、社会服务职能	矿业职能、工业职能、建筑业职能、商业职能、房地产业职能、其他服务职能
唐山	矿业职能、交通通信职能、金融业职能、行政职能、社会服务职能	工业职能、建筑业职能、商业职能、房地产业职能、科研管理职能、其他服务职能
秦皇岛	交通通信职能、金融业职能、房地产业职能、科研管理职能、行政职能、社会服务职能	矿业职能、工业职能、建筑业职能、商业职能、其他服务职能
邯郸	矿业职能、建筑业职能、金融业职能、科研管理职能、行政职能、社会服务职能	工业职能、交通通信职能、商业职能、房地产业职能、其他服务职能
邢台	矿业职能、金融业职能、行政职能、社会服务职能	工业职能、建筑业职能、交通通信职能、商业职能、房地产业职能、科研管理职能、其他服务职能
保定	建筑业职能、金融业职能、科研管理职能、行政职能	矿业职能、工业职能、交通通信职能、商业职能、房地产业职能、社会服务职能、其他服务职能
张家口	矿业职能、金融业职能、房地产业职能、科研管理职能、行政职能、社会服务职能	工业职能、建筑业职能、交通通信职能、商业职能、其他服务职能
承德	金融业职能、科研管理职能、行政职能、社会服务职能	矿业职能、工业职能、建筑业职能、交通通信职能、商业职能、房地产业职能、其他服务职能
沧州	矿业职能、金融业职能、行政职能、社会服务职能、其他服务职能	工业职能、建筑业职能、交通通信职能、商业职能、房地产业职能、科研管理职能

续表

职能分类 地区	基本职能	非基本职能
廊坊	工业职能、金融业职能、房地产业职能、科研管理职能、行政职能、社会服务职能	矿业职能、建筑业职能、交通通信职能、商业职能、其他服务职能
衡水	交通通信职能、金融业职能、行政职能、社会服务职能	矿业职能、工业职能、建筑业职能、商业职能、房地产业职能、科研管理职能、其他服务职能
京津冀城市群	交通通信职能、商业职能、金融业职能、房地产业职能、科研管理职能、行政职能、社会服务职能、其他服务职能	矿业职能、工业职能、建筑业职能

资料来源：根据区位熵和数据测算。

附表13　　2005年京津冀城市群各城市纳尔逊指数

职能 城市	矿业职能	工业职能	建筑业职能	交通通信职能	商业职能	金融业职能	房地产业职能	科研管理职能	行政职能	社会服务职能	其他服务职能
北京	0.20	8.08	11.26	13.57	15.00	9.30	14.74	13.17	3.84	6.05	15.84
天津	2.04	3.75	1.01	1.92	1.03	2.49	0.84	2.67	1.34	1.48	1.21
石家庄	-0.38	0.95	0.35	0.67	0.49	1.12	-0.07	0.85	0.87	0.76	0.00
唐山	2.88	0.67	0.06	0.24	0.00	0.91	-0.11	0.16	0.35	0.38	0.00
秦皇岛	-0.52	-0.22	-0.34	0.22	-0.17	0.17	-0.17	-0.03	-0.16	-0.17	-0.10
邯郸	2.24	0.14	0.18	0.07	0.07	0.39	-0.12	0.13	0.41	0.33	-0.09
邢台	0.26	-0.27	-0.37	-0.16	-0.08	0.12	-0.17	-0.16	0.20	0.08	-0.13
保定	-0.52	0.23	0.83	0.09	0.06	0.72	-0.16	0.45	0.74	0.66	-0.09
张家口	0.05	-0.13	-0.20	-0.05	-0.03	-0.06	-0.04	-0.15	0.18	-0.05	-0.10
承德	-0.13	-0.34	-0.45	-0.14	-0.16	-0.26	-0.21	-0.26	-0.06	-0.16	-0.12
沧州	0.62	-0.18	0.40	0.06	-0.06	0.21	-0.17	-0.20	0.40	0.23	0.03
廊坊	-0.61	-0.38	-0.37	-0.22	-0.17	-0.18	-0.05	-0.01	0.05	-0.04	-0.13
衡水	-0.61	-0.37	-0.46	-0.16	-0.10	-0.02	-0.20	-0.32	-0.09	-0.15	-0.13

资料来源：根据纳尔逊指数与数据测度。

附表14　　2015年京津冀城市群各城市纳尔逊指数

职能 城市	矿业 职能	工业 职能	建筑业 职能	交通 通信 职能	商业 职能	金融业 职能	房地 产业 职能	科研 管理 职能	行政 职能	社会 服务 职能	其他 服务 职能
北京	1.07	2.50	1.99	11.34	6.09	11.90	10.36	12.82	10.20	9.81	8.35
天津	1.45	2.96	1.10	1.40	1.06	2.66	1.49	2.51	2.81	2.47	1.60
石家庄	-0.45	0.21	-0.08	0.52	0.11	0.91	0.04	0.70	1.48	1.36	0.10
唐山	2.76	0.20	-0.19	0.16	-0.03	0.49	0.03	0.04	1.17	0.65	-0.08
秦皇岛	-0.54	-0.32	-0.41	-0.03	-0.23	-0.05	-0.18	-0.19	-0.09	-0.23	-0.19
邯郸	1.32	-0.06	0.15	-0.04	-0.14	0.22	-0.12	0.07	1.17	0.87	-0.08
邢台	0.19	-0.24	-0.30	-0.24	-0.20	-0.07	-0.19	-0.16	0.68	0.23	-0.20
保定	-0.54	0.16	1.07	-0.09	-0.08	0.47	-0.09	0.57	1.38	1.00	-0.15
张家口	-0.01	-0.39	-0.43	-0.17	-0.20	-0.09	-0.13	-0.06	0.61	0.00	-0.14
承德	-0.55	-0.42	-0.37	-0.23	-0.22	0.12	-0.30	-0.19	0.04	-0.18	-0.15
沧州	0.19	-0.24	-0.21	-0.02	-0.20	0.20	-0.18	-0.18	0.74	0.47	0.05
廊坊	-0.55	-0.12	-0.30	-0.15	-0.22	-0.13	0.00	-0.10	0.37	-0.08	-0.14
衡水	-0.55	-0.40	-0.33	-0.21	-0.19	-0.11	-0.27	-0.30	-0.16	-0.11	-0.22

资料来源：根据纳尔逊指数与数据测度。

附表15　　2005年长三角城市群各城市纳尔逊指数

职能 城市	矿业 职能	工业 职能	建筑业 职能	交通 通信 职能	商业 职能	金融业 职能	房地 产业 职能	科研 管理 职能	行政 职能	社会 服务 职能	其他 服务 职能
上海	-0.59	7.47	2.95	6.43	6.25	9.32	4.82	5.97	2.10	3.08	5.01
南京	-0.44	1.23	0.29	1.24	0.34	1.04	0.45	1.34	0.35	0.65	0.13
无锡	-0.61	0.87	-0.37	0.12	0.07	0.61	0.03	0.17	-0.08	0.09	-0.02
常州	-0.60	0.31	-0.42	-0.06	-0.05	0.03	-0.12	-0.11	-0.26	-0.13	-0.09
苏州	-0.61	3.07	-0.41	0.15	0.17	1.04	0.09	0.12	0.29	0.23	0.02
南通	-0.56	0.81	-0.27	0.06	-0.04	0.31	-0.08	-0.14	-0.02	0.21	-0.08
盐城	-0.34	0.12	0.27	-0.02	0.01	0.82	-0.16	-0.09	-0.01	0.15	-0.08
扬州	0.11	0.09	-0.14	-0.11	-0.10	0.02	-0.10	-0.10	-0.18	-0.09	-0.10
镇江	-0.51	-0.01	-0.31	-0.07	-0.07	0.10	-0.09	-0.11	-0.27	-0.21	-0.05

续表

职能\城市	矿业职能	工业职能	建筑业职能	交通通信职能	商业职能	金融业职能	房地产业职能	科研管理职能	行政职能	社会服务职能	其他服务职能
泰州	-0.61	0.03	-0.21	-0.15	-0.10	0.14	-0.11	-0.20	-0.17	-0.08	-0.07
杭州	-0.58	1.45	0.63	0.84	0.48	1.74	0.55	1.06	0.51	0.74	0.40
宁波	-0.60	0.91	2.68	0.25	0.15	1.26	0.09	0.24	0.15	0.23	0.09
嘉兴	-0.60	1.63	-0.25	-0.23	-0.07	0.31	0.06	-0.11	-0.21	-0.15	-0.04
湖州	-0.30	-0.09	-0.27	-0.24	-0.19	-0.15	-0.15	-0.27	-0.30	-0.36	0.01
绍兴	-0.52	0.68	2.36	-0.17	-0.07	0.24	-0.14	-0.22	-0.21	-0.08	-0.08
金华	-0.60	-0.16	1.05	-0.07	-0.11	0.24	-0.13	-0.03	-0.04	-0.05	0.02
舟山	-0.59	-0.52	-0.39	-0.23	-0.19	-0.44	-0.13	-0.36	-0.44	-0.49	-0.13
台州	-0.58	-0.21	1.38	-0.14	-0.03	0.54	0.01	-0.06	-0.07	0.00	-0.05
合肥	-0.53	0.15	0.51	0.42	0.00	0.33	0.29	0.60	0.36	0.41	-0.08
芜湖	-0.60	-0.21	0.01	-0.16	-0.19	-0.31	-0.16	-0.30	-0.40	-0.38	-0.14
马鞍山	0.04	-0.29	-0.42	-0.30	-0.23	-0.49	-0.23	-0.30	-0.50	-0.50	-0.14
铜陵	-0.52	-0.38	-0.44	-0.31	-0.22	-0.58	-0.21	-0.39	-0.53	-0.55	-0.15
安庆	-0.56	-0.39	-0.41	-0.12	-0.16	-0.14	-0.16	-0.20	-0.03	-0.03	-0.13
滁州	-0.44	-0.43	-0.32	-0.20	-0.16	-0.37	-0.22	-0.23	-0.24	-0.26	-0.14
池州	-0.55	-0.61	-0.49	-0.35	-0.24	-0.54	-0.24	-0.39	-0.49	-0.48	-0.14
宣城	-0.58	-0.47	-0.53	-0.20	-0.23	-0.43	-0.24	-0.42	-0.29	-0.39	-0.15

资料来源：根据纳尔逊指数与数据测度。

附表16 2015年长三角城市群各城市纳尔逊指数

职能\城市	矿业职能	工业职能	建筑业职能	交通通信职能	商业职能	金融业职能	房地产业职能	科研管理职能	行政职能	社会服务职能	其他服务职能
上海	-0.54	5.88	1.44	7.92	6.79	8.36	6.90	6.16	6.39	6.25	6.67
南京	-0.45	1.09	1.90	2.29	1.06	0.58	1.00	1.49	1.02	1.74	0.66
无锡	-0.55	1.52	-0.02	0.17	0.14	0.32	0.15	0.07	0.08	0.32	-0.02
常州	-0.55	0.46	-0.10	-0.13	-0.09	0.08	-0.13	0.02	-0.25	0.08	-0.05
苏州	-0.52	5.96	0.33	0.64	0.58	1.10	1.07	0.45	1.14	1.03	0.30
南通	-0.55	0.89	6.37	-0.02	-0.05	0.49	-0.09	0.14	0.12	0.40	0.09

续表

职能\城市	矿业职能	工业职能	建筑业职能	交通通信职能	商业职能	金融业职能	房地产业职能	科研管理职能	行政职能	社会服务职能	其他服务职能
盐城	-0.51	0.21	1.10	-0.06	-0.10	0.18	-0.12	-0.10	0.20	0.32	-0.08
扬州	-0.23	0.32	2.27	-0.05	-0.16	-0.10	-0.14	-0.04	-0.17	0.16	-0.06
镇江	-0.51	0.21	-0.29	-0.21	-0.18	-0.07	-0.11	-0.09	-0.39	-0.27	-0.15
泰州	-0.55	0.34	2.38	-0.07	-0.14	-0.02	-0.17	-0.18	-0.20	-0.05	-0.10
杭州	-0.51	1.56	3.97	1.69	1.22	2.28	2.21	1.78	2.15	2.64	0.90
宁波	-0.55	1.69	1.15	0.35	0.18	1.43	0.25	0.24	1.11	0.88	0.40
嘉兴	-0.55	0.87	-0.24	-0.16	-0.12	0.08	0.05	-0.07	-0.15	0.06	-0.01
湖州	-0.52	0.00	0.19	-0.26	-0.16	-0.03	-0.20	-0.24	-0.43	-0.36	-0.18
绍兴	-0.49	0.51	3.74	-0.18	-0.12	0.13	-0.19	-0.08	-0.15	0.13	-0.14
金华	-0.54	-0.10	2.07	-0.09	-0.17	0.33	-0.22	-0.05	0.47	0.25	-0.06
舟山	-0.49	-0.26	-0.16	0.05	0.39	-0.28	-0.15	-0.25	-0.61	-0.64	0.00
台州	-0.55	0.38	1.57	-0.17	-0.14	0.72	-0.14	-0.09	0.41	0.23	-0.12
合肥	-0.52	0.58	2.08	0.58	0.32	0.35	0.46	0.47	0.54	0.89	-0.01
芜湖	-0.55	-0.04	-0.20	-0.14	-0.16	-0.19	-0.21	-0.46	-0.20	-0.20	
马鞍山	0.16	-0.37	-0.37	-0.28	-0.28	-0.25	-0.31	-0.30	-0.66	-0.61	-0.19
铜陵	-0.51	-0.40	-0.37	-0.31	-0.29	-0.41	-0.28	-0.35	-0.86	-0.72	-0.21
安庆	-0.52	-0.29	-0.34	-0.23	-0.21	-0.25	-0.19	-0.23	-0.14	-0.20	
滁州	-0.52	-0.36	-0.46	-0.26	-0.30	-0.30	-0.25	-0.49	-0.35	-0.23	
池州	-0.52	-0.53	-0.47	-0.32	-0.28	-0.38	-0.34	-0.32	-0.83	-0.74	-0.23
宣城	-0.55	-0.44	-0.50	-0.30	-0.27	-0.34	-0.31	-0.34	-0.58	-0.59	-0.23

资料来源：根据纳尔逊指数与数据测度。

附表17　2005年珠三角城市群各城市纳尔逊指数

职能\城市	矿业职能	工业职能	建筑业职能	交通通信职能	商业职能	金融业职能	房地产业职能	科研管理职能	行政职能	社会服务职能	其他服务职能
广州	-0.55	3.31	1.80	3.39	1.53	3.12	2.35	2.30	11.33	10.97	1.01
深圳	-0.60	3.56	1.52	1.75	1.10	2.56	4.25	1.07	-0.18	-0.23	1.00
珠海	-0.60	1.13	-0.34	-0.07	-0.04	-0.19	0.18	-0.18	0.63	0.20	-0.03

续表

职能\城市	矿业职能	工业职能	建筑业职能	交通通信职能	商业职能	金融业职能	房地产业职能	科研管理职能	行政职能	社会服务职能	其他服务职能
佛山	-0.59	0.61	0.04	0.02	-0.02	1.25	0.03	-0.12	-0.17	-0.06	0.00
江门	-0.61	0.26	-0.11	-0.18	-0.14	0.09	-0.15	-0.15	-0.06	0.02	-0.09
肇庆	-0.56	-0.12	-0.36	-0.18	-0.14	-0.28	-0.13	-0.24	-0.09	0.12	-0.11
惠州	-0.60	1.84	-0.06	-0.15	-0.14	-0.11	0.12	-0.12	-0.19	-0.15	-0.06
东莞	-0.61	-0.24	-0.55	-0.19	-0.21	0.40	-0.24	-0.39	-0.21	-0.23	-0.14
中山	-0.61	0.09	-0.44	-0.24	-0.19	-0.08	-0.19	-0.30	-0.24	-0.29	-0.11

资料来源：根据纳尔逊指数与数据测度。

附表 18　　2015 年珠三角城市群各城市纳尔逊指数

职能\城市	矿业职能	工业职能	建筑业职能	交通通信职能	商业职能	金融业职能	房地产业职能	科研管理职能	行政职能	社会服务职能	其他服务职能
广州	-0.55	2.12	0.83	3.28	1.90	1.66	4.45	3.92	2.98	3.73	1.91
深圳	-0.43	7.10	1.16	3.24	1.92	2.08	4.57	1.47	2.18	1.09	2.75
珠海	-0.54	0.64	-0.22	0.05	0.01	-0.04	0.37	-0.07	-0.41	-0.44	-0.04
佛山	-0.54	3.10	-0.24	0.12	0.14	0.21	0.47	0.10	0.25	0.57	0.02
江门	-0.55	0.36	-0.30	-0.16	-0.10	0.00	-0.13	-0.24	-0.09	-0.17	-0.18
肇庆	-0.50	0.06	-0.45	-0.24	-0.17	-0.25	-0.19	-0.29	-0.17	-0.09	-0.20
惠州	-0.54	1.35	-0.48	-0.10	-0.12	0.27	0.02	-0.19	0.21	-0.06	-0.16
东莞	-0.55	5.17	-0.29	0.00	0.21	0.32	0.23	-0.12	0.18	0.03	0.28
中山	-0.55	1.27	-0.41	-0.17	-0.04	-0.14	0.10	-0.31	-0.65	-0.40	-0.13

资料来源：根据纳尔逊指数与数据测度。

后　记

　　本书是在笔者博士学位论文的基础上修订而成。在硕士学位和博士学位攻读期间，深深感受到科研之路的不易与艰辛，却在得到一点点进步时莫名的兴奋与喜悦。

　　在博士学习期间，从文献的阅读总结、数据的收集整理与一步一步研究工作的开展、推进、完成，我的导师——吴昊教授，每每对我的研究工作予以指导和点拨，都使我的研究思路更加开阔，坚定信念。吴昊教授学识渊博、治学严谨，在学术研究上一丝不苟、刻苦钻研，具有独到的见解，对学术的严谨是我未来科研路上的指路明灯。吴昊教授在学习和生活中给予我诸多帮助，没有老师的辛勤付出就没有我今天的学有所成。

　　感谢吉林大学东北亚研究院给予我帮助的各位老师——廉晓梅老师、杨东亮老师、赵杨老师、赵毅博老师。在我的学习和工作中，离不开老师们的热心帮助与谆谆教诲。与老师们相处的日子里无比快乐，在今后的人生道路中，你们的谆谆教诲我会牢记于心。

　　在本书的修订与完善过程中，感谢张巍教授、邢树东教授对书稿提出的建议与修改意见。感谢税务学院的各位领导和同事，来到吉林财经大学税务学院工作的三年以来，你们的热心、温暖与关爱使我很快融入工作环境中。感谢在著作出版中科研处的老师们对我的帮助。感谢吉林财经大学对本书出版的资助。

　　最后，感谢我的爱人——张勇老师，生活中对我的包容与照顾。感谢我的孩子——张臻曦小朋友，你每一天的成长与变化使我更加懂得了生活的真谛，为我坚持在科研路上增添了一抹亮丽的色彩。

感谢自己，每一次的努力都不遗余力，不留遗憾。

纵有乌云密布，定会拨开云雾见彩虹。愿我们每一个人都在强大的祖国下幸福的生活。

2022 年 5 月　于长春